Couverture inférieure manquante

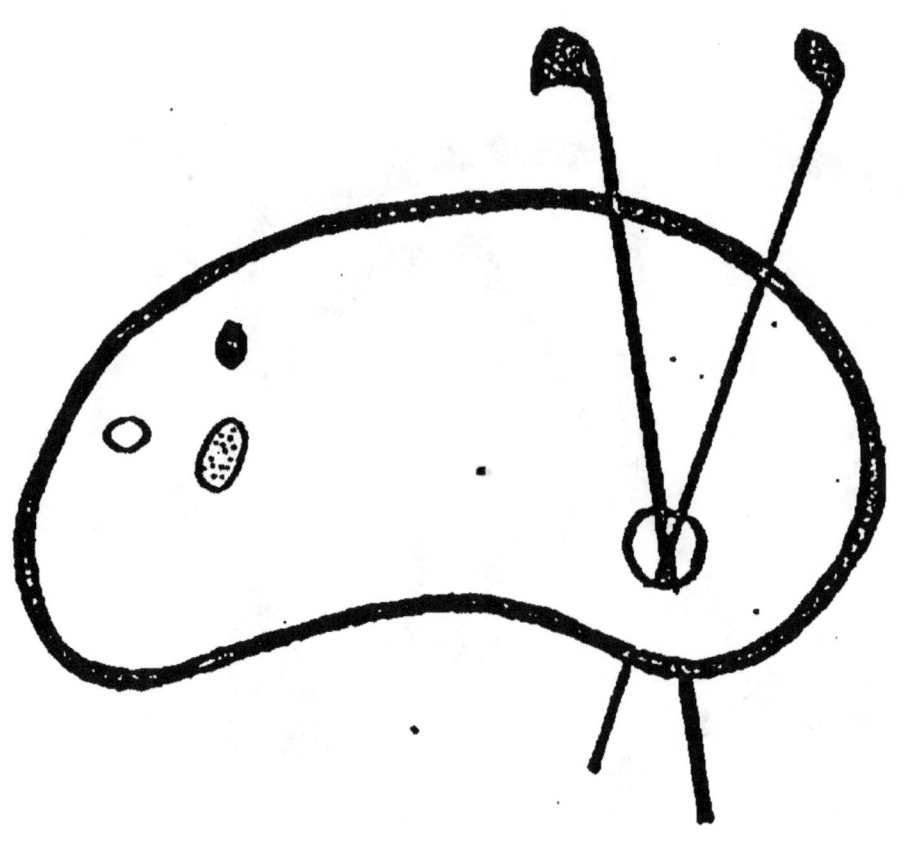

DEBUT D'UNE SERIE DE DOCUMENTS
EN COULEUR

GUIDE-INDICATEUR

DE LA

VILLE D'ARGENTEUIL

ET DU CANTON

PREMIÈRE ÉDITION

PRIX : 2 Francs

ARGENTEUIL
IMPRIMERIE A. ROBERT & Cie
4, RUE DE SAINT-GERMAIN, 4
— 1896 —

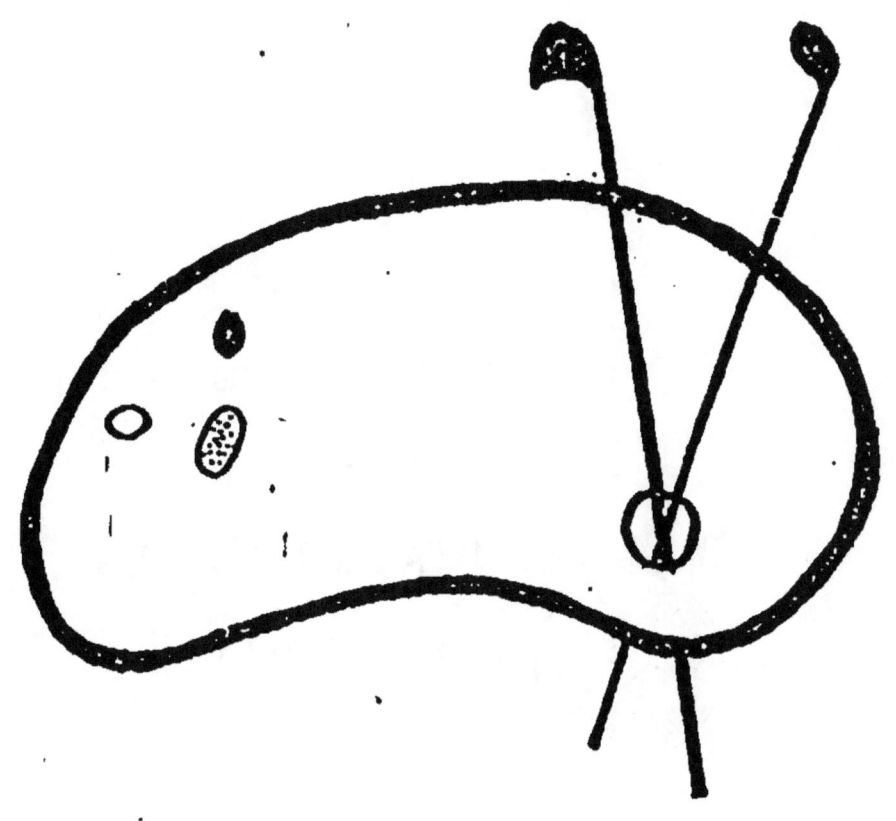

**FIN D'UNE SERIE DE DOCUMENTS
EN COULEUR**

GUIDE-INDICATEUR

DE LA

VILLE D'ARGENTEUIL

ET DU CANTON

AUX LECTEURS

Cette première édition du **Guide Indicateur d'Argenteuil** et du Canton n'est pas, nous tenons à le dire, une œuvre très complète et il s'y est glissé bien certainement de nombreuses erreurs.

Beaucoup d'omissions pourront être constatées.

Les Éditeurs ne pouvaient noter dans ce Répertoire que ce qu'ils savaient; mais ils ont le désir de faire mieux lorsqu'ils mettront une nouvelle édition entre les mains du public.

Dans cette intention, ils font appel, dès à présent, au bon vouloir de tous les chefs des administrations publiques et de tous les comités de Sociétés locales.

Le but des Éditeurs est de mettre entre les mains des lecteurs tous les renseignements dont ils peuvent avoir besoin.

Si leur pensée est comprise et approuvée, la 2ᵉ édition doublera d'importance et d'utilité.

LES ÉDITEURS

GUIDE-INDICATEUR

DE LA

VILLE D'ARGENTEUIL

ET DU CANTON

PREMIÈRE ÉDITION

ARGENTEUIL
IMPRIMERIE A. ROBERT & Cie
4, RUE DE SAINT-GERMAIN, 4
— 1896 —

GUIDE-INDICATEUR

DE LA

VILLE D'ARGENTEUIL

ET DU CANTON

VILLE D'ARGENTEUIL

NOTE HISTORIQUE

La Ville d'Argenteuil, d'origine fort ancienne, faisait autrefois partie de la province de l'Ile-de-France et du diocèse de Paris.

Elle a subi de fréquentes attaques des Normands, puis des Anglais et des Huguenots.

Un prieuré y a été fondé, en 656, par Herménric. Lorsque ce monastère fut abandonné par ses religieux, Charlemagne en fit don à sa fille Théodrate pour y fonder une Abbaye. Cette Abbaye passa plus tard aux Bénédictins.

L'Eglise, reconstruite il y a une trentaine d'années, possède une Robe sans couture que l'on assure avoir été portée par Jésus-Christ.

Le château du Marais fut possédé par le comte de Mirabeau.

Une partie des bois du Val Notre-Dame est située sur le territoire d'Argenteuil.

Un nouveau groupe de villas élevées au pied de la butte d'Orgemont a pris le nom de *Colonie Parisienne*. Une Ecole libre de filles vient d'y être édifiée.

———

Superficie : **1,714** hectares.
Population : **15,116** habitants.

Ecarts : La Colonie Parisienne. — Le Marais — Le Val-Notre-Dame.

Administration municipale

Avant les élections des 3-10 Mai 1896, l'administration municipale était depuis 1892 composée de MM. :

Defresne-Bast, *maire* ; Chuffart, 1er *adjoint* ; Collas (Charles), 2e *adjoint*.

Conseillers municipaux : MM. Collas (Pierre), Sénéchal, Jolly, Faulier, Lemoine-Cordelle, Renard, Touzelin, Labrierre, Bray, Caillé, Dantier, Taillandier, Ed. Signolle, Testelin, Saillard, Collas (Valère) Dulong, Tincq, Yon, Ollivet, Desjardins.

A la suite des élections de 1896, l'administration municipale s'est trouvée composée comme suit :

ADMINISTRATION ACTUELLE

Maire : M. Labrierre, rue Nationale, 26.
Adjoint : M. E. Gaudel, rue de Sartrouville, 16 *ter*.
— M. Collas (Charles), rue de Pontoise, 8.

CONSEILLERS MUNICIPAUX

MM.
Defresne-Bast, propriétaire, rue de Sannois, 21.
Bray, marchand droguiste, Grande-Rue, 62.
Chuffart, rentier, rue de Bourceron.
Lemoine-Cordelle, propriétaire, Grande-Rue, 107.
Caillé, entrepreneur de maçonnerie, ruelle de l'Eglise.
Desjardins, géomètre, rue de Pontoise, 60.
Signolle Eug., rentier, Grande-Rue, 79.
Miné, géomètre, avenue Maria.
Yon, cultivateur, rue du Port, 38.
Girardin-Fleury, restaurateur, rue de Saint-Germain, 72.
Girardin-Tarret, cultivateur, rue de Pontoise, 16.
Chevalier Edmond, cultivateur, rue de Traverse, 12.
Mauchain Jules, cultivateur, rue de Cormeilles, 13.
Lemoine-Rivière, employé, route de Cormeilles, 10.
Lemoine Célestin, route de Bezons.
Aubry Jules, cultivateur, rue de la Liberté, 14
Lemoine-Miard, rentier, à l'Avalloir.
Morin Louis, plâtrier, route d'Enghien.
Robichon, employé, rue de Pontoise, 40.
Boyer, marchand de vins, rue de Sartrouville, 39.
Bresnu, agent d'assurances, rue Saint-Germain, 60.

Chaylade, typographe, rue des Saints-Pères, 2.
Collas-Bretille, propriétaire, rue de Pontoise, 51.
Lévêque, cultivateur, rue Carême-Prenant, 21.

Bureaux de la Mairie
Ouverts de 8 heures du matin à 7 heures du soir

Secrétaire : M. Emery ✻.
Chef de bureau : M. Desbleumortiers.
Employés : MM. Lutzy Georges, Lhérault Alexandre, Gauthier Alfred.

JOURS D'AUDIENCES DE LA MUNICIPALITÉ

M. Labrierre, maire : les lundi, mercredi et vendredi, de 9 h. à 11 h. du matin.
M. Gaudel, 1er adjoint : les mardi et jeudi, de 4 h. à 6 h. du soir.
M. Collas (Ch.), 2e adjoint : le samedi, de 2 h. à 5 h. du soir.

Recette municipale
M. Manoël de Saumane, percepteur des contributions directes.

Contributions directes
Bureau, rue de Pontoise, 35

M. Manoël de Saumane, percepteur.
M. Appert-Jacquier, contrôleur, boulevard de Calais, 1.
Les bureaux de la perception sont ouverts les lundi, mercredi et vendredi, de 9 heures, à 3 heures.
M. le contrôleur reçoit les contribuables à la Mairie tous les mardis de 2 à 4 heures.

Contributions Indirectes
Contrôleur : M. Jumel, route d'Enghien, 8.
Receveurs-buralistes : M. Poultier, ruelle Innocent et M. Finel ✻ rue de la Liberté, 26.

Enregistrement et Domaines
Bureau, rue Bicheret, 1

Ouvert tous les jours non fériés de 9 heures à 4 heures.
M. Courtiol, receveur, rue de Diano, 22.

Octroi Municipal
Bureau principal à la Gare
M. Blaës, préposé en chef, rue Richeret, 4.
M. Bréard, brigadier, rue Pierre-Joly, 1.

Ponts et Chaussées
Conducteur : M. Lorcet, boulevard Héloïse, 42.

Chemins Vicinaux
Agent-voyer de la circonscription : M. Boucher, rue d'Enghien, 11.

Eaux (Service des)
M. Toupet, inspecteur de la Compagnie, rue d'Enghien, 9.

Gendarmerie
76, Boulevard Héloïse, 76
Deux brigades : une à cheval, une à pied.
Maréchal-des-logis : M. Ribrioux.
Brigadier des gendarmes à pied : M. Lambert.

Police
M. Wehrung, commissaire de police municipale.
M. Henry, brigadier.
M. Salesse, secrétaire.
Le bureau de police est situé boulevard Héloïse, dans un bâtiment formant annexe de l'Hôtel de Ville.
M. Bruot, commissaire spécial, rue Nationale, 25.

Justice de Paix
A la Mairie
(La Justice de paix doit être transférée rue de Calais)
Les audiences de conciliation sur lettre ont lieu tous les vendredis à 1 heure.

Les audiences civiles publiques, se tiennent le mercredi à 1 heure.
Juge de paix : M. Pelé, rue des Buttes, 9.
Greffier : M. Foucault, avenue Maria, 8.
Commis greffier : M. Dangles, rue Saint-Germain.
Huissiers : M. Boislaigue, Grande-Rue, 39, et M. Trichet, boulevard de Pontoise, 25.

Notaires

M. Aubert, rue de Traverse, 7.
M. Boutfol, rue Gaillon.

Caisse d'Épargne
A la Mairie

Ouverte tous les dimanches, de midi à 2 heures, excepté le dimanche de Pâques et le dernier dimanche de l'année.
Trésorier : M. Lesage, rue de Calais, 56.

Caisse d'Epargne Postale

Bureau de poste, rue de la Liberté, 19.

Crèche
Place de l'Eglise, n° 7

Présidente : Mme Finet, rue de Saint-Germain, 23.
Vice-Présidente : Mme Fautier, rue de Pontoise, 37.
Secrétaire : Mme Alméras, rue Etienne-Bast, 2.
Trésorière : Mme Coursier, avenue du Petit-Marly.
Directrice : Mme Lenfrant, à la crèche.

Cimetière
Rue de Calais prolongée

Conservateur : M. Pothron, au cimetière.

Pompes Funèbres
Entreprise des Pompes funèbres générales

Bureaux à Argenteuil, 124, Grande-Rue.
Représentant : M. Eug. Giroux.

Hôpital
Service confié aux sœurs St-Paul de Chartres

Commission administrative : MM. Eug. Signolle, Lemoine-Rivière, Mothron, Sénéchal, Ollivet et Wentteclaye.
Médecins : M. le docteur Biron ✷, M. le docteur de Grissac ◎.

Asile des Vieillards
Rue Pierre-Guienne

Administrateurs : MM. Lemoine-Cordelle, Desjardins, Bresnu, Célestin Lemoine et Eugène Signolle.

BIENFAITEURS

1873 — Collas Marc-Antoine-Claude, et Lesuffleur Marie-Léonie, son épouse.
1875 — Collas Jean-Eugène-Joseph, et Chevalier Marie-Sophie, son épouse.
1875 — Veuve Touzelin Louis-Marie-Emmanuel-Barromé, née Larotié Louise-Reine-Octavie, et ses enfants.
1877 — Veuve Collas Grégoire-François, née Charpentier Augustine-Céleste, et ses enfants.
1878 — Samson Nicolas, ancien bijoutier.
1881 — Collas Eugène-Amédée.
1882 — Lhérault Pierre-Louis.
1888 — Lesecq Denis-Alexandre-Gabriel.
1888 — Bast Etienne-André, et Mme Bast, née Ract.
1888 — David, famille et héritiers.
1889 — Boucher-Roy Henri-Marie-Lubin.
1891 — Collas Amédée-Paul, et Touzelin Marie-Louise-Joséphine-Delphine, son épouse.
1892 — Veuve Abraham Pierre-Antoine, née Cottard Marie-Louise-Denise.
1893 — Defresne Jacques-Gustave, et Bast Joséphine-Clémence, son épouse.
1893 — Veuve Barré Nicolas-Hubert, née Rolland Adélaïde.
1893 — Veuve Boucher Henri-Marie-Lubin, née Roy Aspasie.

1894 — Veuve Lescot Jean-Baptiste-Nicolas, née Lesecq Marie-Jeanne.
1896 — Labrierre Alfred-Auguste.

Bureau de Bienfaisance

Administrateurs : M. Chouvou, président, 4, rue de Pontoise ; MM. Bauchet, Beautier, Ollivet père, Bresnu, Chaylade.

Dispensaire, rue Pierre-Guienne. Consultations tous les jours, excepté le dimanche, à 9 heures du matin.

Sapeurs-Pompiers (Cie des)

Capitaine : M. Caillé, place de l'Eglise.
Lieutenant : M. Grébant, rue Saint-Germain, 23.
Sous-lieutenant : M. Tartarin, rue de Sannois, 45.
Sergent-major : M. Bray, Grande-Rue, 62.

Bibliothèque

La Bibliothèque est installée dans une partie de l'Ecole communale des garçons, rue de l'Abbé-Fleury.

La Bibliothèque est ouverte au public tous les dimanches de 8 heures à 11 heures du matin.

Bibliothécaire : M. Boucher, instituteur.

Instruction Publique

ECOLES COMMUNALES

Ecoles de Garçons.

Rue de l'Abbé-Fleury : Directeur : M. Boucher.
Rue Carnot : Directeur : M. Rigault.

Ecoles de Filles.

Rue de l'Abbé-Fleury : Directrice : Mme Locat.

Rue Grégoire-Collas : Directrice : Mlle Therveaux.

ÉCOLES MATERNELLES

Rue de l'Abbé-Fleury : Directrice : Mlle Lecomte.
Rue Victor-Puiseux : Directrice : Mme Bernard.

ÉCOLES LIBRES

Ecole dirigée par les Frères.
Rue de la Liberté, 5

Directeur : frère Charles Aidan.
L'Ecole des Frères reçoit des demi-pensionnaires.

Ecole des Sœurs de la Providence
Boulevard de Sannois

Directrice : sœur Bernardine.

Ecole Sainte-Geneviève
Colonie Parisienne.

Direction : Sœurs Saint-Paul-de-Chartres.

PENSIONS ET EXTERNATS DE GARÇONS

Pension Brazeau
Rue de l'Abbé-Fleury, 11

Enseignement primaire et enseignement primaire supérieur.

Pension Sellier
Boulevard de Sannois, 23

Enseignement primaire et Enseignement primaire supérieur. Préparation aux écoles spéciales.

La pension dirigée par M. Sellier reçoit les enfants du premier âge. Confiés à une institutrice, les jeunes enfants sont surveillés spécialement par Mme Sellier.

PENSIONS ET EXTERNATS DE JEUNES FILLES

Pension de Mme Achet-Finet
Rue de Pontoise, 23

Enseignement primaire et primaire supérieur. Arts d'agrément.

Externat de Mme Barré
Rue de Pontoise, 28

Directrice : Mme Barré ; — sous-Directrice : Mlle Berthe Barré.

Enseignement primaire et primaire supérieur. Arts d'agrément. Etude des travaux pratiques préparant à la vie de famille.

Pensionnat de la Sainte-Enfance
Rue de la Liberté

Enseignement primaire et supérieur. Classe gratuite pour les pauvres.

Pension de Mlle Tavernier
Rue du Port, 29

Enseignement primaire et primaire supérieur. Ecole enfantine. Arts d'agrément et d'utilité professionnelle. Gymnastique. Grand jardin pour les récréations et les exercices physiques.

COURS D'ADULTES
Association Polytechnique
Salle des Cours à la Mairie

Président : M G. Dantier, rue Michel-Carré.
Délégué, organisateur des cours : M. Tincq, rue Nationale.
Secrétaire : M. Bardin, 4, rue de Saint-Germain.

Cours du soir

Un cours de dessin, un cours d'allemand et un cours de chant, sont professés dans les locaux des écoles de la rue de l'Abbé-Fleury.
Professeur du Cours de chant : M. Hallard.

Ecole d'Horlogerie

Directeur : M. Hallard, Grande-Rue, 124.

Cours de Musique instrumentale

Ecole Libre. — Directeur : M. Haye, rue Carnot.
Harmonie Municipale : Grande-Rue, 60.

Caisse des Ecoles

Président : M. Labrierre, rue Nationale, 26.

Cultes

CULTE CATHOLIQUE

Curé Doyen : M. l'abbé Jacquemot, boulevard de Calais.
Vicaires : abbé Faivre, rue de Calais, 50.

— x —

— abbé Léger, rue Ernestine.
— abbé Frey, boulevard Paradis.
— abbé X···

CONSEIL DE FABRIQUE

Président : M. X···
Trésorier : M. Berson, avenue Legrand, 6.

CULTE PROTESTANT
Temple, rue Hoche

Pasteur : M. Paul de Félice, à Enghien. Office tous les dimanches à 3 heures.

Protection des Enfants du 1er Age

Médecin-Inspecteur : M. le docteur Toussaint, rue d'Enghien, 7.

Marché

Le marché se tient sur le boulevard Héloïse tous les mardis et vendredis. — Général et comprenant : légumes, fruits, viandes, poissons, volailles, beurre, œufs, fleurs, vêtements, chaussures, outils, vaisselle, meubles, etc. etc., il est ouvert à 6 heures du matin, du 1er mars au 31 octobre et à 8 heures du matin du 1er novembre à fin février. Il est fermé à 3 heures en toutes saisons.

Chemins de Fer

Argenteuil est desservi par deux gares :
La gare de l'Ouest par la ligne de Paris-Saint-Lazare à Paris-Nord et par la ligne de Paris à Mantes.
Et la gare de Grande-Ceinture.
En outre, des trains spéciaux ont lieu entre Argenteuil et Paris-Ouest (gare Saint-Lazare).
En moyenne, 50 trains par jour sont à la disposition des habitants pour aller à Paris, et 50 trains pour revenir.
L'embranchement d'Ermont met Argenteuil en correspondance avec les lignes du Nord desservant Pontoise, Taverny et Creil.
Par la ligne de Paris à Mantes, Argenteuil est relié aux lignes de Pontoise à Dieppe, de Mantes au Hâvre et de Mantes à Cherbourg.
Pour les heures des trains, consulter les indicateurs. Le *Petit Indicateur* de poche, édité par l'Imprimerie A. Robert et Cie, en est un résumé pratique. Prix : **10** centimes.

SERVICE DES POSTES

Le bureau des postes (rue de la Liberté, n° 19) est ouvert de 7 heures du matin à 9 heures du soir.

Receveur : M. DELSUC.

Arrivée des courriers et distribution des correspondances

COURRIERS VENANT DE :	ARRIVÉE DES COURRIERS	TRI PRÉPARATOIRE	DÉPART DES FACTEURS
Paris. Cherbourg..........	⎫ 6 40 m.	⎫	
Rouen. Le Havre.........	⎬ 7 10	⎬ 6 40 m.	7 30 m.
Paris. Ambulants. Sannois..	⎭	⎭	
Paris. Versailles............	12 45 s.	12 45 s.	1 » s.
Paris. Sannois.............	3 45	3 45	4 »
Paris Versailles ⎫ Bordeaux à Paris ⎭........	7 45	7 45	8 »

Départ des courriers

DIRECTION DE	CLOTURE DES CHARGEMENTS	DERNIÈRE LEVÉE	DÉPART DES COURRIERS
Paris. Versailles............	9 » m.	9 15 m.	9 30 m.
Paris. Sannois.............	1 » s.	1 15 s.	1 30 s.
Paris. Versailles............	4 »	4 15	4 30
Paris. Sannois et Paris au Havre ⎭........	9 10	9 15	9 30

Levées aux boîtes de quartiers

Mairie (boulev. Héloïse).....	9 » m.	11 31 m.	2 31 s.	9 » s.
Croix-Blanche (carrefour)...	9 »	11 37	2 37	9 »
Rue Voie-des-Bancs........	8 »	11 53	2 53	8 »
Route de Sannois (Mazagran)	8 30	12 20 s.	3 20	8 30
Rue de Pontoise...........	8 50	12 40	3 40	8 50
Porte Saint-Germain........	8 35	12 55	3 55	8 35
Rue de l'Hôtel-Dieu.........	8 45	1 »	4 »	8 45
R. Sartrouville (M. Moriceau).	9 »	2 25	5 05	» »
R. Sartrouville (Us. Morel)...	9 30	2 55	5 30	» »
Chemin de l'Avaloir.......	9 »	2 »	5 »	» »
Route de Bezons..........	8 35	3 »	5 »	8 35

Voitures publiques

Omnibus de la gare à la Porte-Saint-Germain à tous les trains.

Service de la Gare au Val Notre-Dame

Matin : 8 heures. — 9 h. 30 — 11 h. 30.
Soir : 5 heures. — 6 h. 30 — 7 h. 30.

Du Val Notre-Dame à la Gare

Matin : 7 h. 30 — 9 heures. — 10 h. 30.
Soir : 4 h. 30 — 6 heures. — 7 heures.

Voitures de Place

Stationnement Cour de la Gare

TARIF

Arrêté municipal du 25 Novembre 1895

De 5 heures du Matin à Minuit et demi

Voitures à 1 cheval : la course.	1 »
— — l'heure.	2 »
Voitures à 2 chevaux : la course.	2 »
— — l'heure.	3 »

De Minuit à 5 heures du Matin

Voitures à 1 cheval : la course.	1 50
— — l'heure.	3 »
Voitures à 2 chevaux : la course.	3 »
— — l'heure.	4 »
Course en ville (0,25 par bagage).	1 »
— au Marais et aux Champioux.	1 50
— — Val Notre-Dame.	2 50
— — Bezons.	3 »
— — Cormeilles.	5 »
— — La Frette.	6 »
— — Sannois.	3 »
— — Enghien.	4 »
— — Herblay.	7 »

— — Houilles et Sartrouville. . . . . 5 »
— — Carrières-Saint-Denis. . . . . 6 »

Lorsque le voyageur conservera la voiture pour le retour, l'heure d'arrêt sera comptée 2 francs.

Journaux et Revues

Bulletin de la Société d'Horticulture et de Viticulture du Canton d'Argenteuil : Bureau 4, rue Saint-Germain. — Imprimerie A. Robert et Cie.

Echo d'Argenteuil, rue de la Chaussée. — Imprimerie Worms.

En Garde, 126, Grande-Rue. — Imprimerie A. Robert et Cie.

Journal d'Argenteuil, organe républicain indépendant, 12e année : Administration et Rédaction, 4, rue Saint-Germain. — Imprimerie A. Robert et Cie.

Revue mensuelle du service d'inspection des enfants du 1er âge, publié par le docteur E. Toussaint : Direction 7, rue d'Enghien. — Imprimerie A. Robert et Cie.

Sociétés diverses

CAISSE DE PRÉVOYANCE DES SAPEURS-POMPIERS

Président : M. Labrierre, rue Nationale, 26.

CAISSE DES LOYERS (ŒUVRE DE LA)
5, Rue de la Liberté

L'œuvre a pour but d'aider les familles ouvrières de s'acquitter de leurs loyers par petites sommes.

Dépôts et retraits de fonds le dimanche, de 8 h. 1/2 à 9 h. 1/2 du matin.

CERCLE CHORAL DES ENFANTS D'ARGENTEUIL

Directeur : M. Hallard, Grande-Rue, 124.

CHAMBRE SYNDICALE DES ENTREPRENEURS DU BATIMENT

Président : M. Alline, entrep. de menuiserie, rue de Pontoise, 5.
Secrétaire : M. Auzat, Grande-Rue, 78.

CONFÉRENCE SAINT-VINCENT-DE-PAUL
Siège : 5, rue de la Liberté

Réunions chaque semaine le vendredi soir.

ÉCOLE LIBRE DE MUSIQUE
Siège : rue de la Chaussée.

Directeur fondateur : M. Léon Haye, rue Carnot.

ÉCONOMAT DOMESTIQUE
Siège : Grande-Rue, 80

L'économat a pour but de diminuer les dépenses de ménage. Il assure à ses adhérents une remise de 5 0|0 sur tous leurs achats.

Le comité se réunit tous les lundis de 8 heures 1/2 à 9 heures 1/2, Grande-Rue, 80. Président du comité : M. Rougé.

Les remises sont payées tous les derniers samedis du mois.

FEMMES DE FRANCE (UNION DES) (CROIX-ROUGE)
Société de secours aux malades et aux blessés des armées de terre et de mer.
(Section d'Argenteuil)

Présidents d'honneur : M. Defresne-Bast, ancien maire ; M. Labrierre maire.
Présidente : Madame Boutfol, rue Gaillon.
Vice-présidentes : Mme Jules Jolly et Mme Finet.
Secrétaire : Mme Alméras.
Trésorière : Mme Ruffier.

FÉDÉRATION DES TRAVAILLEURS SOCIALISTES
Secrétaire : M. Devillers, rue du Port.

FRANCE PRÉVOYANTE (LA)
Caisse civile de retraites. (Section d'Argenteuil)

Président : M. Cohadon, 15, rue Laugier.

HARMONIE MUNICIPALE
Siège : Grande-Rue.

Directeur : M. Viney, à Houilles.
Secrétaire : M. Masson, Grande-Rue.
Professeur des cours : M. Soulages, boulevard de Pontoise,

HORTICULTURE ET DE VITICULTURE (SOCIÉTÉ D')
DU CANTON D'ARGENTEUIL

Réunions mensuelles tous les troisièmes dimanches de chaque mois. Le public est admis de 3 heures à 4 heures à visiter les apports en séance.

Président : M. Dantier, rue Michel-Carré.
1ᵉʳ Vice-Président : M. André Lescot, 23, rue de la Liberté.
Trésorier : M. Borderel ✻, rue Carnot.
Secrétaire-général : M. Bardin, 4, rue de St-Germain.
Archiviste : M. Berthaut, avenue Chanzy, 3.

LOGE MAÇONNIQUE
Temple : rue du Port, 19

Vénérable : M. Bresnu, rue St-Germain, 60.

PATRONAGE SAINT-DENIS
5, rue de la Liberté

Président : M. Martin, boulevard Héloïse, 74.
Directeur : Frère Charles Aidan.
Les réunions ont lieu, pour les enfants, tous les dimanches, de 1 heure à 6 heures du soir, et les dimanches, mercredis et vendredis, de 8 heures à 10 heures, pour les jeunes gens.

PRÉVOYANTS DE L'AVENIR (SECTION DES)

Président : M. Collas, 8, rue de Pontoise.

SAUVETEURS MÉDAILLÉS DE SEINE-ET-OISE
Section d'Argenteuil. Siège : Maison Petifourt, Grande-Rue, 116

Chef de section : M. Varlet.

SECRÉTARIAT DU PEUPLE

Le Secrétariat rend tous les genres de services, sauf les services d'argent. Les ouvriers y trouvent un centre de renseignements gratuits et on les y aide à se défendre contre les difficultés incessantes qu'ils rencontrent dans leur existence.

Bureau, 80, Grande-Rue. Ouvert les lundis, à 8 heures 1|2 du soir.

SOCIÉTÉ CIVILE DE TIR AU FUSIL
Stand route d'Enghien

Président : M. L. Eve, route d'Enghien.
Secrétaire : M. Tumerel, rue de Pontoise, 40.

SOCIÉTÉ DE TIR MIXTE
Stand route de Sannois

Président, directeur de tir : M. Jabiot ✻, capitaine de la territoriale, boulevard Péreire, 151, à Paris.
Vice-Président : M. Borderel ✻, capitaine, 36, rue Carnot.

SOCIÉTÉ DE GYMNASTIQUE « LA FRATERNELLE »

Président : M. Ed. Signolle (I 🟢), boulevard de Calais, 10.
Vice-Président : M. Blou, Grande-Rue.
Professeur : M. Tschieret, rue de Brault.
Moniteur-chef : M. Boulade, rue de l'Hôtel-Dieu, 14.

SOUVENIR FRANÇAIS
Section d'Argenteuil

Le but du Souvenir Français est de veiller à l'entretien des tombes des soldats.
Vice-Président : M. Edeline, rue du Port, 11.
Secrétaire : M. Alméras, rue Etienne-Bast, 2.

SOCIÉTÉ DE SECOURS MUTUELS D'ARGENTEUIL
DITE SOCIÉTÉ DE SAINT-DENIS

Président : M. Worms, rue de la Chaussée.
1ᵉʳ Vice-Président : M. le docteur E. Toussaint, 7, rue d'Enghien.

SOCIÉTÉ DE SECOURS MUTUELS, dite « LA SYMPATHIQUE DE L'HUMANITÉ »

Président : M. Caillé, ruelle de l'Eglise.

SYNDICAT DES CULTIVATEURS

Président : M. Eugène Chevalier, rue de Calais.

SYNDICAT DES MARCHANDS DE VINS ET MÉTIERS CONNEXES

Président : M. Vallée, rue d'Enghien, 1.

UNION FRATERNELLE DES MOBILES ET COMBATTANTS DE 1870

Président : M. Defresne, architecte, avenue de la Gare, 25.

UNION PATRIOTIQUE DU CANTON D'ARGENTEUIL

L'Union patriotique organise chaque année un Concours cantonal de tir et prête son appui à toutes les sociétés qui ont une action patriotique.
Président : M. Blou, Grande-Rue, 20.

UNION SYNDICALE DU COMMERCE ET DE L'INDUSTRIE

Cette Société a pour objet principal, par le moyen de l'arbitrage, d'éviter à ses membres les désagréments des procès devant les tribunaux et de donner force aux demandes que les industriels et les commerçants d'Argenteuil peuvent avoir à adresser aux pouvoirs publics.
Président : M. Labrierre, rue Nationale, 26.

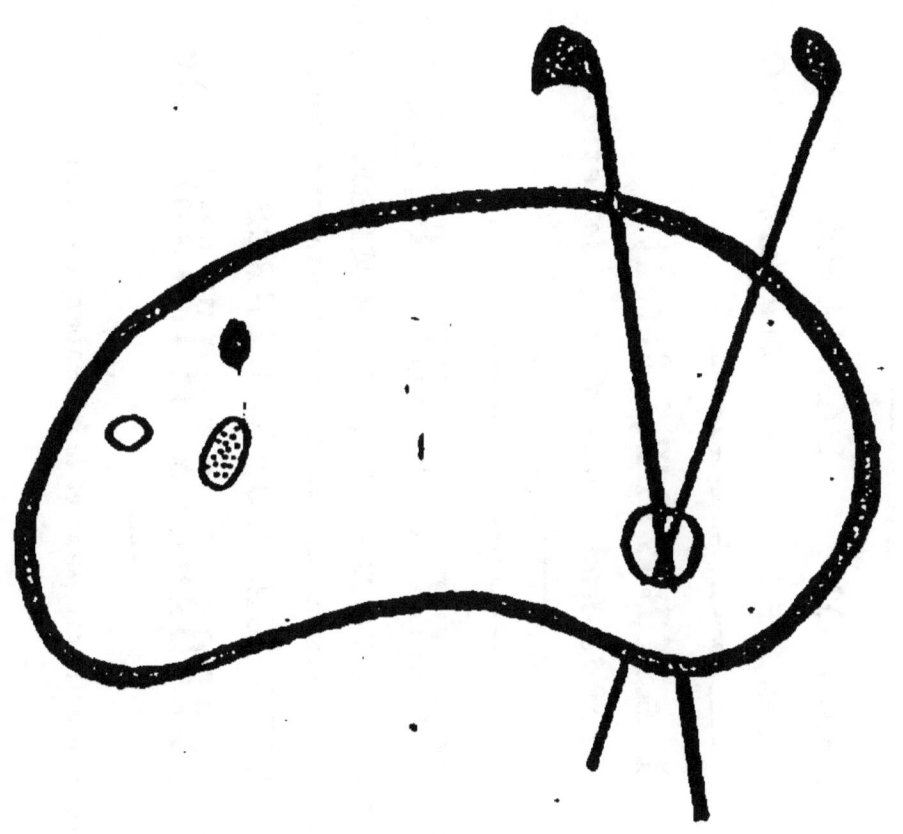

DEBUT D'UNE SERIE DE DOCUMENTS
EN COULEUR

MAISON DE LITERIE

ÉPURATION A LA VAPEUR

de Lits de Plumes, Edredons, Traversins, Oreillers

LAMBERT, Gérant

1, Rue de Pontoise; 127, Grande-Rue (Place de l'Église) et 12, rue des Rosiers

ARGENTEUIL (Seine-et-Oise)

LITERIE COMPLÈTE POUR TROUSSEAUX

FABRIQUE & RÉPARATIONS DE SOMMIERS ÉLASTIQUES

TOILES, COUVERTURES, LAINES, CRINS, VARECH, PLUMES, DUVETS, ETC.

LITS EN TOUS GENRES

ASSAINISSEMENT, CARDAGE & MONTAGE DE MATELAS

NOTA. — *La Maison se recommande pour l'exactitude et le bon soin apportés aux travaux qui lui sont confiés.*

12ᵉ ANNÉE

LE JOURNAL D'ARGENTEUIL
Organe Républicain Indépendant

10 Centimes LE NUMÉRO

ABONNEMENTS

Un an . . . . 6 f. »
Six mois 3.50
Trois mois . . . . . 2. »

Étranger port en sus

TARIF DES ANNONCES

Annonces (4ᵉ page) la ligne. 25 cent.
Réclames (3ᵉ page)   —   35 —
Faits divers . . . .   50 —

Annonces permanentes, prix réduit

ADMINISTRATION & RÉDACTION
4, Rue de Saint-Germain, ARGENTEUIL

IMPRESSIONS TYPOGRAPHIQUES

COMMERCIALES & ADMINITRATIVES

IMPRIMERIE
A. ROBERT & CIE

4, Rue de Saint-Germain, 4

ARGENTEUIL

AFFICHES DE TOUS FORMATS

IMPRIMÉES

En noir ou en couleur

PROSPECTUS -- PROGRAMMES

CIRCULAIRES

Tarifs et Prix-Courants

EN-TÊTES DE LETTRES ET DE FACTURES

CARTES D'ADRESSE

CARTES DE VISITE EN TOUS GENRES

MENUS

Avis de Naissances, Invitations à mariages

BILLETS DE DÉCÈS ET LETTRES DE FAIRE PART

Livres, Brochures, Journaux

Vins, Eaux-de-vie, Liqueurs

EN GROS

E. GIRARDIN

DISTILLATEUR

ENTREPOT & BUREAUX

42, Grande-Rue, 42

ARGENTEUIL

A. PERROT

25, Rue du Port, **ARGENTEUIL**

ÉPICERIE ET DROGUERIE

En Gros

PRODUITS CHIMIQUES

EAUX MINÉRALES DE TOUTES SORTES

CHARBON de BOIS en sacs de 10 Litres

RECEVEUR DE RENTES

BROUCHOT

Gendre RAPSOME

1, Rue L'Évêque, ARGENTEUIL (Seine-&-Oise)

ACHATS & VENTES

AU COMPTANT ET A TERME

DE

VALEURS FRANÇAISES & ÉTRANGÈRES

PAIEMENT IMMÉDIAT DE COUPONS

TRANSFERTS — CONVERSIONS — VERSEMENTS
RENOUVELLEMENT DE TITRES

SOUSCRIPTION A TOUTES LES ÉMISSIONS

LA FOURMI

SOCIÉTÉ EN PARTICIPATION D'ÉPARGNE

Fondée le 1ᵉʳ Novembre 1879

SIÈGE SOCIAL : 23, rue du Louvre, PARIS

En souscrivant à « LA FOURMI », on peut se constituer :
1° Un capital ou un revenu en 10 ans, 2° une dot en 20 ans.

LA FOURMILIÈRE

SOCIÉTÉ D'ASSURANCE MUTUELLE EN CAS DE DÉCÈS

SIÈGE SOCIAL : 23, rue du Louvre, PARIS

Représentant de La Fourmi et de La Fourmilière, à Argenteuil : BROUCHOT, receveur de rentes, 1, rue L'Évêque.

MACHINES A VAPEUR
Horizontales et Verticales

AUBERT
CONSTRUCTEUR-MÉCANICIEN

4 et 6, Rue CLAUDE-VELLEFAUX (Faubourg du Temple)

PARIS

MACHINES FIXES, DEMI-FIXES
ET SUR ROUES
Avec Chaudière à retour de flamme et Foyer démontable

BOUCHERIE DE LA CROIX-BLANCHE

8, Rue d'Enghien

ARGENTEUIL

J. BILLIAT

GROS & DÉTAIL

GRAND HOTEL RESTAURANT
DU PETIT-MATELOT

BÉTRY-LEGUAY

4, Boulevard Thiers, 4

Près le Pont du Chemin de Fer

ARGENTEUIL (Seine-et-Oise)

Maison fondée en 1871

Grand Jardin & Bosquets
CONCERT TOUS LES LUNDIS
SALONS POUR NOCES & BANQUETS
300 Couverts

SALLE DE THÉATRE — BAL DE SOCIÉTÉ
JARDIN D'HIVER

GARAGE DE BATEAUX
Location & Réparation de Canots

PHARMACIE NORMALE
D'ARGENTEUIL
Place de l'Église

S. POUILLARD, Pharmacien de 1re classe

Ex-Interne médaillé des Hôpitaux de Paris
Ancien Chimiste-Expert-Inspecteur de la Ville de Paris

PRINCIPAUX PRODUITS RECOMMANDÉS

	PRIX
THÉ St-DENIS. Purgatif, dépuratif, rafraîchissant.........	0 f. 80
POUDRE St-DENIS (Mêmes propriétés que le Thé St-Denis).	1 50
VIN DE LIPARI. Apéritif, tonique, reconstituant.........	3 »
CACHETS ANALGÉSIQUES. Contre la névralgie et la migraine............	2 »
CORROSINE. Contre les cors aux pieds, les verrues, etc...	0 80
SIROP IODOTANNIQUE PHOSPHATÉ. Succédané de l'huile de foie de morue, agréable au goût, s'emploie dans tous les cas où l'huile de foie morue est recommandée...	2 50
BONBON MARTIN béchique et pectoral............	0 60
SIROP PECTORAL MARTIN contre la toux, la bronchite, etc	1 50
EAU GAZEUSE PURGATIVE aux sel d'Epsom et de Glauber	0 50
BORO-SALICYL : Antiseptique, microbicide, désinfectant à odeur agréable, très persistant ; bien supérieur au phénol, au thymol, à l'acide borique (nom et marque déposés)....	2 »

EAU DE COLOGNE DISTILLÉE, EAU DE BOTOT
ÉLIXIR ET POUDRES DENTIFRICES, VINAIGRE DE TOILETTE

Ballon d'oxygène pour l'usage médical

ARTICLES D'HYGIÈNE, BANDAGES, BIBERONS, CEINTURES
DOUCHES, GANTS A FRICTIONS, INJECTEURS, IRRIGATEURS
PULVÉRISATEURS, SERINGUES, SUSPENSOIRS
BAS A VARICES, ETC.

Tous ces articles constituant un accessoire pour la pharmacie seront vendus à des prix excessivement réduits toujours inférieurs aux prix des bandagistes, des herboristes et des maisons spéciales de Paris.

NOTA. — *Les articles ne se trouvant pas en magasin seront livrés dans les 24 heures qui suivront la commande.*

MÉDICAMENTS GARANTIS IRRÉPROCHABLES. — EAUX MINÉRALES. — SPÉCIALITÉS

PRIX DE PARIS

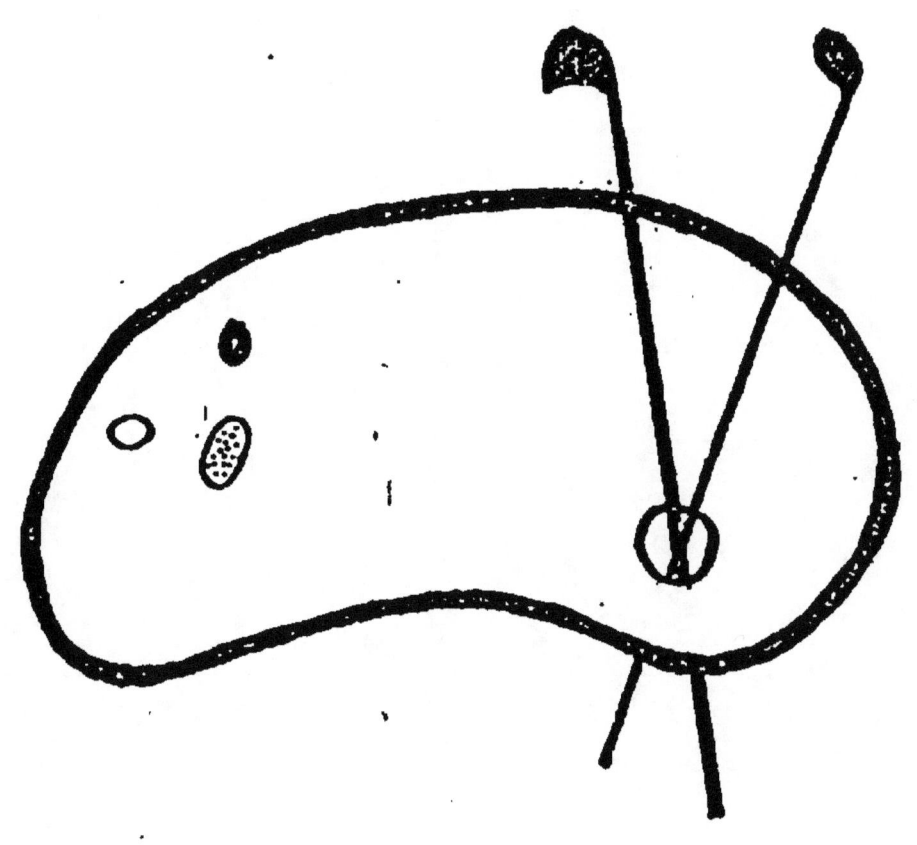

FIN D'UNE SERIE DE DOCUMENTS EN COULEUR

LISTE DES HABITANTS
Etablie par Rues

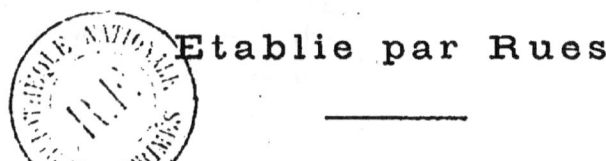

Abbé-Fleury (rue de l')
1 Veuve Lévêque Denis.
Troncin, concierge.
3 Bansard Achille.
7 Lecat.
Mlle Lecomte, direc. de l'Asile.
9 Veuve Antoine Petit.
9 *bis*, Veuve Flaudras.
Chapon, rentier.
2 Morin Antoine.
Veuve Delau Al., m. d'épicerie.
Vian, ouvrier.
Veuve Lhérault.
Bagneux Paul.
6 Chevalier Jules.
8 Veuve Lévêque Pierre.
10 Mlle Marie Girardot.
12 Boucher Eug., dir. de l'Ec. com.
14 Vaudeville Pierre, rentier.
16 Champagne Louis, mar. de vins en gros (17, rue des Rosiers).
18 Veuve Lemaître Louis.

Aluettes (chemin des)
Robin Nicolas.
Robin Emile.
Hesse Louis, journalier.
Nais Jacques.

Ary-Scheffer (rue)
3 Hervy Grégoire.
Tramecourt Henri, ajusteur.
5 Goireau Félix, contremaître.
Gobillon Louis.
Morin Guillaume, brocanteur.
5 Boutin Désiré, charpentier.
Veuve Fontaine, concierge.
Maubon, chaudronnier.
Vaillant, charpentier.
Collas Eugène, ouvrier.
Boquet, employé.
Ballagny, Ans., cabaretier-log.
Niogret Léon, chauffeur.
Vatin, ouvrier d'usine.
Lahoche Appolinaire, restaurat.
Mme Alphonse Fortier, blanch.
Ganhwyller, fabric. de broderie.

Augustins (rue des)
7 Daveau Louis, gendre Collet.
Godard Henri, empl. chem. fer.
9 Mlle Sevestre, rentière.
Veuve Martin.
Proudhon Auguste, employé.
Roulet, employé.
Perthuis Henri, journalier.
11 Balardelle Stéphan, dessinateur.
13 Veuve Léon Maincent.
2 Leveau Romain, jardinier.
4 Banck Ch., emp. chem. de fer.
6 Thormann Henri.
8 Lartigue Ferdinand.
Lhérault Emm., gendre Crepin.
10 Reiffinger Ch., capit. retraité.
12 Salagnat Ferdinand.
16 Piquefeu François.

Avalloir (chemin de l')
Veuve Liouville.
Castel Amédée.

Saillot Ernest.
Lamorinière, marbrier.
Mme Labbé.
Truchet Bernard.
Clessé, employé.
Marquis.
Delaplace Edouard,
Laroche Michel.
Petit Georges, graveur.
Lambert.
Hugoneney Eugène.
Bourdin, peintre.
Bois Henri.
Arnaud Auguste.
Mlle Vallée.
Isabelle, inspecteur du chemin de fer de Grande Ceinture.
Deschamps Jean-Baptiste.
Caval Valentin, sculpteur.
Voullot Jules.
Lemoine Eugène.
Chéron, peintre.
Wuy Casimir, coupeur.
Lauras Joseph, concierge.
Klaine, peintre en bâtiments.
Martin, employé.
Tonnelier Th., clerc d'huissier.
Lanon.
Guilloté François.
Guillet, rentier.
Martin, employé chem. de fer.
Capot Gustave, empl. de com.
Leemens Louis, directeur de maisons de nouveautés à Paris.
André Léon.
Dèze, artiste à l'Opéra.
Louvel Marcelle.
Mme Théodore Colombier.
Fouet Nic., maître d'hôtel, à Passy.
Bouvard Ernest, restaurateur.
Mme Briens, mar. d'art. parfum.
Laborier, restaurateur.
Vigneron L., fab. de broderies.

Barantin (chemin de)

Riveira Emile.
Jacquin, ouvrier.
Ledru Ernest, jardinier.
Triffaut Guillaume, forgeron.
Champy Louis.
Vve Thuillier.
Maurin Charles.
Liné Jules, ouvrier.
Vve Dechaume.
Gérard René, maçon.
Leprince Anatole, emp. ch. de fer
Fatras Justin.
Clère Victor, brocanteur.

Bezons (route de)

55 Mme Vve Robinot.
   Renault Geoffroy, boulanger.
   Olivier, employé.
57 Duprey Philippe.
61 Chassaigne Louis.
63 Vve Michel Guyot.
   Vve Charlerette.
65 Bouan Edm., md. b. de sciage.
73 Trolard Jules, rep. de com.
75 Coutelet Georges.
   Pierre Victor.
   Fouquet Adolphe.
77 Leroy, journalier.
79 Lescot Eugène.
81 Rabouin Alfred, employé.
83 Thronel Henri, mécanicien.
   Gambert Romain.
85 Vve Jean-Baptiste Anglade.
87 Vve Hippolyte Leloup.
89 Vve Zéphyr Lesobre.
91 Vve Aimé Defontaine.
93 Henri Boshart.
   Quenon, journalier.
   Montassier François.
   Sauvard, journalier.
   Beau Bernard.

Marquon, terrassier.
Rivier, ouvrier menuisier.
Reynaud Jules, épicier.
Lemaitre Emile.
Fresle, menuisier.
Benoit Augustin, employé.
Lavallé J.-B., md cidre en gros.
Moulard Jean, chauffeur.
Briard Adr., entrep. trav. pub.
Cabot Ernest.
Chaurang, chef de chantier.
Grand Simon, surveillant.
Vve Léguiller Eugène.
Bautier, rentier.
Liné Désiré.
Lefèvre Joseph, journalier.
Malzieux François, journalier.
Sellier, fondeur.
Roliquet Henri, fondeur.
Terques Jean.
Mme Jules Cauchois.
Cauchois Jules.
Nidrich André.
Martin Pierre.
Rousseau Jean, emp. d'octroi
Lavallé J.-B., md de cidre.
Vve Durand Armand.
Grapus Victor, contremaître.
Pelissier Mathieu.
Samson Jules, ouvrier.
Guivarech Jean, terrassier.
Lemoine Louis.
Presle Alexis, cultivateur.
Fresle Em., entrep. de serrur.
Krueriger Benoit, dessinateur.
107 Vve Leclerc, débit. liqueurs.
    Monsingueral, logeur.
109 Christy Gustave, laitier.
111 Stéphan François, restaurat.
72 Girardin Eug., maît. hôtel gar.
    Hermano père, tailleur.
    Mezé, bijoutier.

76 Perrot Léon.
80 Vve Eugène Pestel.
    Ollivet Jean.-Michel.
    Lefeuvre, emp. chemin de fer.
    Mme Simon.
84 Vanderhove François, mécanic.
    Vve Jean Collas.
86 Barraud Jean-Marie.
88 Périard Louis, représentant.
    Porte Ch., md. bois construct.
90 Delarue Louis, ouvrier.
    Frappart.
    Barrier Jacques.
92 Tissot Ferdinand.
    Vve Gédéon Tissot.
94 Hardel Emile, emp. assurances.
96 Lecomte Delphin, jardinier.
    Vve Decrebs J., maît. hôt. gar.
100 Michaut Eug., fact. fabrique.
102 Vve Jules Goudin.
104 Vve Préjat Clément.
    Barraud Vinc., chauf. au gaz.
    Gauthier Jean, emp. au gaz.
    Barraud Jean, jardinier.
    Cabane, dessinateur.
106 Pincemaille Charles, ouvrier.
108 bis Boire, cabaretier-logeur.
    Vve Darge Victor, débit. vins.
    Payrolle Joachim, laitier.
    Vve Foucard, cabaretière.
    Fouchard, entrepôt de bière.
    Hyeulle Albert, cabaretier.
    Mœrkerke, cabaretier-logeur.
110 Moreau Louis, cabaretier.
    Morisset Antoine, cabaretier.
    Cochez Adolphe, restaurateur.
    Julien Jean, logeur.

Bicheret (rue)

3 Hamel Joseph, percepteur.
2 Harion.

4 Blaès, prép. en chef de l'octroi.
6 Damian Henri, bijoutier.
10 Bourbona, employé.
Fabre Henri, emp. ch. de fer.
Beucher Gaston, clerc notaire.
Vve Léguiller.
Remy Auguste, emp. ch. de fer.
Bazire Jules.
Mancel, employé.
Géraud, employé.
Vve Pierron.
Mlle Colon, couturière.
Michel Victor, employé.
Mlle Arnoult, artiste.
Charles, voyag. de commerce.

Brault (rue Pierre-Joly)

1 Valentin, employé.
Bréard, employé d'octroi.
Nougier Em., ent. trav. publics.
Keissler Charles, fab. de ferron.
4 Merlu Emile, clerc de notaire.
Tschieret Paul, prof. gymnast.

Buchettes (chemin des)

Domenget André.
Rieger Joseph, fab. brod. à façon.
Fleischmann, ouvrier.
Forgerot, ouvrier.
Renard Isidore, emp. Cie de l'Ouest.
Lancou, emp. à la Cie Générale.
Piedalin Georges, ex-percepteur.
Rupreecht Alvys, employé.
Desfolies François.
Maillot.

Buttes (rue des)

7 Charlot Almyre, employé.
9 Halphen Camille.
11 Duchesno fils, employé.
11 bis, Hugot, emp. agent change.
15 Brossard Victor.

17 Fournier, ouvrier.
Ballagny, clerc d'huissier.
Blaising, employé.
Darleux, employé.
Lebrun, emp. chemin de fer.
Langlois, employé.
Evan Louis, cuisinier.
Perse, employé d'octroi.
Gala, employé.
Preux Arthur, chef d'équipe.
Clostre Ach., fab. prod. chim.
6 Frey Jean, brodeur.
Berru Charles.
8 Rullier Eugène, vétérinaire.
10 Vve Vion Baptiste.

Calais (rue de)

1 Popot Albin, épicier.
Gaudin, fumiste.
Bottier, jardinier.
Pommier, serrurier.
Auger, empl. de chem de fer.
3 Hornet Louis, marchand de vins.
5 Leboucq Louis, gend. Defresne.
7 Rigault, instituteur.
11 Lépine Laurent.
Vve Robert.
13 Noyal Jules, menuisier.
15 Tartarin Louis.
Bessonée Joseph.
17 Defresne Pierre.
19 Chevalier Eugène, gen. Defresne
21 Henri Eugène, empl. de comm.
23 Fautier Marie, gend. Delacroix.
27 Vve Auger Edmond, ébéniste.
Tulipier, marchand de vins.
29 Cambuzat Léger, march. de vins.
Dubois, riveur.
31 Walkmann, photographe.
33 Pitron, menuisier.
Gras, empl. de chemin de fer.
Poulain, rentier.

Lamy, retraité.
Lesieur Ambroise.
Poligeret, employé,
Fresne, employé.
Derneis, retraité.
Carillon, ouvrier.
Arronder, rentier
Petit Eug., entr. de maçonnerie.
Guillet Auguste, débit. de vins.
Ferret Alex. (rue du Port), épicier en gros, rue de Calais.
Ganneron Firmin, entrepreneur de monuments funèbres.
Pothron Louis.
Noyers Louis, marbrier (à Paris).
Leveau Paul (6, r. de Sartrouville), entrep. de bâtiments.
Jourdain Emile.
Bavant Alexandre.
Trompette Alphège, entrepreneur de monuments funèbres.
Ganneron Firmin, entrepreneur de monuments funèbres.
Flammarion Julien, entrepreneur de monuments funèbres.
Dauvergne Pierre, entrepreneur de monuments funèbres.
2 Vve Charles Lefèvre, cout. façon.
  Vve Alexandre Chuffart.
  Girardin Eugène fruitier.
4 Provins Xavier, serrurier.
6 Toulouse, ouvrier.
  Bouchel Arthur, ent. de serrur.
8 Paquis Charles, charron.
  Deguines Léon, ent. de couvert.
10 Clabaud Lucien.
   Henry, agent de police.
12 Fauvette, gendre Defresne.
   Yon Jules, cultivateur.
14 Terme Henri, courtier.
   Cottard Alexandre.
   Viala, s-off. équip. de la flotte.

16 Cornu Eugène.
18 Gagnon Honoré, gend. Collas.
20 Leblond Justin, marc. pommes.
22 Hornet Louis, gendre Deboves.
24 Vve Masson.
26 Collas Honoré, gendre Voyer.
28 Kraimps Emile, cultivateur.
30 Defresne, cultivateur.
32 Chevalier André, gend. Courty.
34 Otto Fisch, dessinateur.
   Dupont, empl. de chem. de fer.
   Vve Jumantier.
   Sonhalder Alfred.
   Vve Collas Jean.
   Launay, terrassier.
   Chrétien Hippolyte, jardinier.
   Kœpt, couvreur.
36 Vve Boucher.
38 Gagnon Louis, gend. Coquelin.
40 Luneau François, md forain.
42 Albertin Jean, ent. de couvert.
44 Lebesnerois A., emp. ch. fer.
   Collas Eugène, gendre Puiseux.
46 Lescot, gendre Delachartre.
48 Bonne, employé.
   Maugis Louis.
50 Faivre Hubert, prêtre.
   Viaulu Henri.
52 Carrier Victor, employé.
54 Vve Jacques Serre.
56 Lesage Charles, caissier.
58 Lefèvre, employé.
   Hugo Casimir, employé.
60 Desavis Jean, employé.
   Vve Desavis Alexandre.
64 Braque Amédée.
66 Pelbour, conduc. de travaux.
   Mallard, charpentier de bâtim.
   Vve Collas Louis.

Calais (boulevard de)

5 Piedonora,

9 Allaume Léon, rep. de com.
2 Vve Prévot.
2 bis, Vve Pothron Louis.
4 Lerosne, abbé.
6 Hubert, rentier.
8 Jacquemot, curé.
10 Signolle Edmond.
12 Cleinancq Gustave.
14 Dreux Jacques, gendre Dubois.
16 Gouard Marie-Joseph
18 Renard Alix, gendre Collas.
   Renard Henri.
20 Lemoine Eugène, gend. Lhérault
22 Gontier Clément, gend. Lhérault
24 Mlle Eudes Adèle.
26 Lelavandier Léon, Ing.
28 Renard Louis, gendre Collas.

Carême-Prenant (rue de)

3 Feriel Frédéric.
5 Leber Jean, journalier.
   Pierret Auguste, marc. épicier.
   Thoret, ouvrier.
   Sslignon Henri, em. chem. fer.
   Montaron Etienne, garç. épicier.
7 Lacroix Victor.
9 Boucher Victor, chauffeur.
   Mme Delattre.
   Delattre Ernest, peintre.
11 Veuve Cornu Jean.
   Dappe Henri, gendre Cornu.
13 Tartarin Louis, gendre Lhérault.
   Bourdillon Abeilard, carrier.
   Thoret, ouvrier.
   Héricotte Armand.
   Levasseur Léon, jardinier.
   Chapron, ouvrier.
15 Lesigne Georges, cultivateur.
   Didier Antoine, ajusteur.
   Antoine Paul, empl. chem. fer.
17 Lhérault Henri.

19 Collas Louis, gendre Chailloux.
   Barbron Pierre, ouvrier.
   Cacheleux Nicolas, carrier.
   Vve Lucas, blanchisseuse.
   Pannetier Octave, relieur.
21 Lévêque Louis, fils.
   Montoloy Louis, serrurier, maître de jeux et amusem. divers.
23 Hébert Eugène, bouil. eau-de-vie
   Crosnier, allumeur de gaz.
   Belier, chef débardeur.
   Chaussivert ouvrier.
   Mauerhofer, brodeur.
   Marteau Jean, distillateur.
   Herbé Jules maçon.
   Nicot, ouvrier.
   Lemoine, ouvrier.
25 Moreau Louis, gendre Boucher.
   Frinault, menuisier.
   Soudarin Victor, ouv. chimiste.
   Guillot Joseph.
   Legrand, bourrelier.
27 Enard Narcisse.
   Hallotier Louis, gendre Daud.
31 Heudes Denis, gendre Bretille.
   Vve Lugoz.
   Lepêcheur, Math., emp. ch. fer.
   Jérôme, rentier.
   Larau, ouvrier.
33 Daveau Jean, fils.
35 Cottard Louis, fils, gend. Blondis
   Joly Albert, serrurier.
37 Pion Victor, courtier de produits agricoles, maître tonnelier.
39 Scheibling Victor, mar.-ferrant
   Vve Deffeire Ant. marc. mercerie
   Lévêque Jules, charcutier.
2 Vehrung, commissaire de police
8 Loisel, Eugène, journalier.
   Blanchard Em., g. Vassort, méc.
   Chailloux Louis, gend. Renard.
10 Deboves Auguste, gend. Framin

Poulain Victor, ouvrier.
Saclier Lazare, chaudronnier.
12 Pigny, entrep. de couvertures.
Beauchône Fernand, brodeur.
Taillebois, employé au gaz.
Carré, ouvrier.
14 Halequier Emile, vannier.
16 Beaucamp Désiré, fils, entrepreneur de menuiserie.
Diris Constant, charpentier.
18 Vve Moreau Alexandre.
Casseux Antoine, gend. Lecomte
Liné, ouvrier.
Grasse Théophile, ouvrier.
20 Antignac Jean, cabaretier.
Perrot, empl. de chemin de fer.
Decherry, ouvrier.
Riout, employé de chem. de fer.
22 Touzelin Jean, marc. d'épicerie
Guérin Eugène, ouvrier.
Beauvais François, brocanteur.
24 Lécuyer Marie, fabric. broderies
Verny Florentin.
Gouay, brodeur.
Pommier, serrurier.
26 Vve Beaulieu.
Girardin Antoine, gendre Yon.
28 Cottard Olivier, cultivateur.
Duflot, brodeur.
Quénon, empl. chemin de fer.
Lelau, empl. chemin de fer.
30 Fleury Jean.
32 Vve Pansard, march. mercerie.
Dobrenet Aug., fabric. broderies
34 Tixier Emile, marchand forain.
36 Feuillée Jean, pharmacien.
38 Sève Benoit, march. de beurre.
Dietrich Georges.
Gauthier, ouvrier.
Gauthier Joseph, fils.
Gaudron, maçon.

Centrale (rue)

1 Allier Auguste, dessinateur.
3 Crosnier Albert.
5 Girardin François, g. Defresne.
7 Dromer Benj., emp. Cie Eaux.
9 Hornet Louis, cultivateur.
11 Aubry François, gend. Lemoine.
13 Chailloux Jean, gend. Cassenon.
15 Sinet Raoul, gend. Leroux.
Portier Nicolas, cultivateur.
Mariette François, ouvrier.
17 Vve Bernard, logeuse.
19 Collas Louis.
Guérin Victor.
2 Guéguin Léon, brodeur.
4 Vve Leroux Pierre.
6 Vve Voyer Louis.
Lecomte Jean-Louis.
10 Vve Defresne François.
Dupressoir Julien.
12 Drion, serrurier.
Vergne Alexandre, cultivateur.
Vve Roberge Louis.
Vve Borderel Antoine.
14 Regnard Louis.
Clochez François, ent. menuis.
Tartarin Louis, cantonnier.
Salbeuf Joseph.
Vve Landron.
Février Frédéric, cantonnier.
Guichard, concierge.
16 Clochez François, ent. menuis.
Loret Eugène, menuisier.
18 Leguiller Constant, maçon.

Chanconnet (boulevard)

1 Brait de la Motte Henri.
3 Vve Hodey.
Hodey Alphonse.
5 Dubois Emile, emp. au ch. fer.
Mme Baderspach Madeleine.

Laurençon Alfred, emp. de com.
Loullier François.
7 Saint-Pierre Alfred.
9 Lavoigne Joseph, emp. ch. fer.
2 Bajot Emile, Md de vins.
4 Perrot Adolphe.
8 Barillot Charles.
Vve François Reynaud.
10 Vve Benoit Lacour.
12 Lemonnier Jean, dessinateur.
18 Nicot Edouard, bijoutier.
Marcellat Jules, comptable.
22 Agnant Paul, cap. de fré. retraité

Chanzy (avenue)

Berthaut Alfred.
Prudhomme Albert.
Auriol Aimable.

Chaussée (rue de la)

1 Worms Paulin, imprimeur.
3 Parrot, employé.
5 Miard Jules.
Monnier, ouvrier.
Bonavia.
Piechorki.
Lefèvre, jardinier.
7 Huet Cyrille, entr. couverture.
9 Renaud Jean-Baptiste.
11 Vve Jules Robert.
Frenet Albert, comptable.
Vallée Louis (place de la Gare), marchand de vins en gros.
13 Vve Abraham Louis.
15 Vve Douesnel, marc. mercerie.
Henault Alex., ouvrier.
17 Tartarin Hippolyte, fruitier.
Vve Jean Pousset.
19 Vve Collas Nicolas.
21 Defresne Benj., gend. Fautier.
23 Puiseux Emile.
Puiseux Jean, gend. Defresne.
25 Forestier Henri, ent. serrurerie

Antoni, charcutier
27 Sauzay Claire, artiste.
29 Calivoda Henri, boulanger, (32, rue de la Chaussée).
31 Vve Lefrançois.
Gauthier Célestin, menuisier.
33 Lhérault Jean, gend. Defresne.
Lhérault Alexandre.
Vve Fromont.
4 Vanhuffel Hippolyte, teinturier (20, rue de la Chaussée).
Colnel, débitant de café.
6 Faintrenie Adolphe, laitier.
Langiniard Joseph, cabaretier.
8 Vve Chambefort, brocanteur.
12 Duret François, ébéniste.
14 Vve Gourgerot Jean.
14 bis, Receveur Joseph.
16 Goubet, loueur cham. meubl.
Heulin Célestin.
18 Tétard François, épicier.
20 Vanhuffel Hippolyte, teinturier.
22 Boucher Etienne, gen. Defresne
Paquin Eugène, cultivateur.
24 Gadonnet Jean, épicier.
Vve Aug., Ménard, bouchère.
Fontaine, brodeur.
Gauthier Louis, chaudronnier.
26 Poiffait, blanchisseur de fin.
28 Charbonnier, marc. bimbl.-lib.
Hornet Emile, perruquier.
30 Bernardon Alix, cabaretier.
32 Calivoda Henri, boulanger.

Cloviers (Les)

Société des Plâtrières du bassin de Paris (30, boul. Magenta, Paris).

Cormeilles (rue de)

1 Fautier Paul.
3 Vve Cottret Louis.
Gasse, journalier.
5 Collas Louis, gendre Sellier.

Vve Pothron.
7 Chailloux, gendre Angot.
9 Dreux Philibert.
11 Fautier Pierre.
Leprieur Emile, cultivateur.
13 Mauchain Jul., g. Dingremont.
Bouteloup Désiré, g. Collas.
15 Guérin Louis, gend. Delacroix.
17 Vasseur Victor, ouvrier.
Mme S. Vasseur, mde ambulante.
19 Jouannaud François, g. Guillot.
21 Carton Jules, md épicier.
23 Delacroix Isidore, employé.
25 Vve Lucien Curty.
27 Petit Paul.
29 Cossard Alexandre.
Lamy, gendre Lhérault.
31 Vve Plez Jules.
33 Collas, gendre Lemoine.
Villaine Clément, cultivateur.
35 Vve Blondis.
Fould Adolphe, banquier.
39 Levarlet Albert, ingénieur.
Koller Grégoire, md boucher, (22, r. St-Germ. et r. Corm.)
6 Vve Taret Louis.
Dru, journalier.
8 Dreux Olivier.
10 Deleuze Edouard, tourneur.
Collas Honoré, gendre Sire.
Didolot, emp chem. de fer.
12 Lacaille Th., maître tonnelier.
André Sébastien.
14 Vve Lemoine Jacques.
16 Yon Louis.
18 Bonnet Pierre, clerc de notaire.
Cotte Jean.
20 Ezard Jules, avocat.
22 Leroux François, cultivateur.
30 Paradis, caissier.
Lechien.
36 Chemin, emp. ch. de fer.

. Pilourdault, emp. ch. de fr.
Jean J., dit Bruno, md cordier.

Cormeilles (route de)

3 Leroy Paul.
5 Valliorgue Eug., g. Rapsome.
7 Roucamp Félix, ent. maçonner.
Colin Nic., emp. ch. fer Ouest.
13 Persidat Emile, ent. charpentes.
15 Vve Persidat, mde de vins.
Minoret, marchand d'engrais.
Ligeot Théodule, restaurateur.
2 Mlle Martin Anne.
4 Nicolle Emile.
10 Bedu Justin.
Perrin, employé.
Baillache, emp. ch. de fer.
Gaston Eugène.
Demangeot.
Lemoine Alphonse, employé.

Courlis (Chemin de)

Poupin Valentin, rentier.

Croix-des-Buttes (r. Carnot)

Lacroix Gustave.
Chuffart Léonidas, ent. de maçon. (ch. de Glaisières).
Vve Vaugelard.
Hœgelin Antoine, emp. ch. fer.
Giébel, instituteur.
Lecomte Joseph, tailleur.
Vve Léon Lorin.
Borderel Thomas.
Pirker Jules, Ing.
3 Maussant
5 Marcello Alfred, emp.
7 Vve Henriot.
13 Vve Mayor.
15 Chuffart, ent. de maçon.
17 Vve Casterets.
21 Marie Pierre.
Wolk.

21 Cheze, emp.
Biedelièvre Toussaint.
2 Van Reeth.
4 Masse Jean-Baptiste
Vve Jean Flichy.
Bétry, emp.
Eiggeumann Guillaume, fab. bro.
Meunier Alphonse, bijoutier.
Colas Michel, cult.
Haye Léon, emp.

Diane (rue de)

1 Jacquemont Joseph, épicier.
3 Crosnier, vigneron.
5 Coutureau, ouvrier.
Grandpierre, ébéniste.
7 Benoît Ernest, cabaretier-log.
9 Veuve Jean Deboves.
11 Leblanc Armand, fab. de brod.
13 Veuve Jean Lemonnier.
15 Demol Adolphe.
Rocca Joseph, coupeur.
Kolka Armand, ouvrier.
Theier, employé de ch. de fer.
Hentz Auguste.
17 Veuve Tartarin.
M¹¹ᵉ Hamel rentière.
25 Kessler.
27 Juy Alphonse.
2 Leriche, brodeur.
Gilbert, employé.
Bopp Conrad.
Dumarquez, journalier.
6 Roubeau Philibert, cultivateur.
18 Mancelle Louis, fab. de brod.
20 Fontaine, cordonnier.
22 Courtiol Albert, rec. de l'Enreg.

Eglise (Place de l')

1 Veuve Chiscot, modiste.
Martet Léon, menuisier.
Brochet, ouvrier peintre.

1 Portier, ouvrier.
3 Martinet Julien, md ébéniste.
Taraud, employé au ch. de fer.
5 Jassonaise, cultivateur.
7 Roques, comptable.
Bourbon, ouvrier maçon.
Dedieu, clerc de notaire.
Crèche.

Eglise (chemin de l')

Guérin, concierge.
Lecomte Charles, gendre Davy.
Frénot Ambroise, serrurier.
Selle Henri, employé de commerce
Vilain Jean-Baptiste.
Girot, employé de chemin de fer.

Eglise (ruelle de l')

9 Veuve Caillé François,
Caillé Alfred, gendre Vielle,
entrepreneur de bâtiments.
11 Bretille Louis.
2 Vareille Jean.
4 Glevarech Yves, emp. de c. d. f.
Defresne Jacques, cultivateur.
6 Tarré, gendre Tilly.
8 Montereau Charles, cultivateur.
10 Forestier Marie.
M¹¹ᵉ Vœrin Marie.
M¹¹ᵉ Oudinot Marie.
Veuve Wanderoff, couturière.
12 Fauvette Honoré.

Enghien (route d')

1 Kreiner Nicolas, restaurateur.
15 Pluquet Adolphe.
21 Leclerc Charles, bijoutier.
2 Carillon, sculpteur.
4 Cormier Pierre, restaurateur.
6 Tarbouriech Joseph.
8 Jumel Victor.
30 Leloup, employé.
Bédouin, G., cabaretier.

30 Godefert Emile, cabaret.-log.
Tanesie Armand.
Vaillant Nicolas, ouvrier.
Baudet Emile, fab. de ferron.
Chevalier.
Gavois Beloni, jardinier,
Paureau Antoine.
Lormeau, garde-barrières.
Syndicat du ch. de fer de gr.-ceinture (145, rue de Clichy).
Fauque, chef de gare.
Henriot, concierge.
Mathis Alexis, employé.
Gibert Georges.
Buron Jules, concierge.
Brunhes.
Fevrel, sous-chef de gare.
Boell Pierre.
Muller Louis.
Damerval Aug., entr. de constr. et d'instal. p. chauf. industriel
Daudré Achille.
Ethin Jules, fab. de broderies.
Veuve Ludovic Lechaut.
Pupin Adrien, employé.
Lemoine Eugène, charpentier.
Chatou Antoine.
Delaunay et Cie, m. de ciments.
Vatel Nestor.
Auffray Pierre.
Fauveau Joseph, employé.
Bertaux Aug., fabric. de plâtre.
Compagnie Gén. des Eaux (12, r. d'Anjou-St-Honoré, Paris).
Eve Louis, fabricant de plâtre.
Klossner, laitier.
Houa Alphonse, cabaretier.
Veuve Nicolas Louis.
Monnier Louis, restaurateur.
Morin Victor, march. de vins.
Morin Louis, fabric. de plâtre.

Pelardy, marchand de vins.
Prudhon Jean.
Rousseau Louis, fab. de chap.
Guéginiat, blanchisseur.
Menny Joseph, fab. de broder.
Labrune, emp. de ch. de fer.
Fréais, brodeur.

Enghien (rue d')

5 Cottard J.-Ant.
7 Toussaint Emile, docteur-méd.
Eschard, rentier.
Lemaire, employé de ch. de fer.
Feré, ex-négociant.
Lemire Georges.
Mme Colombier.
Changeur, employé.
Rappart (de), représ. de comm.
Sarcy, employé de ch. de fer.
9 Darces Désiré, march. d'épicerie
Marié, concierge.
Toupet, empl. à la Cie des Eaux.
Veuve Coustou.
Delaveau, employé.
Bohli Jacques, employé.
Veuve Jules Michel.
Veuve Fornassier.
Gouriet Raoul, employé.
Mlle Béroux, fabric. de corsets.
Christy Marie, employé.
Mme Langlois.
Lesage, employé.
Boivin, dentiste.
Hamois, employé.
Latrace, employé.
11 Boucher Nicolas, agent-voyer.
15 Lepeltier Paul, ferbl.-lampiste.
Lepeltier Henri, treillageur.
Coutesse Camille, cabaretier.
Degron Georges, épicier.
17 Bougeon Narcisse, aubergiste.
Neff, brodeur.

19 Labrière Alfred (14, rue Nationale), grainetier.
Ledos.
Veuve Lambert.
23 Labrière Adolphe, gendre Lecomte, cabaretier-tonnelier.
Gaudin Jean, tailleur.
25 Pigny Auguste, loueur de chambres meublées.
Haulard, concierge.
Marret François, coiffeur.
Scheyer Michel, épicier.
2 Veuve Hyacinthe Hamon.
4 Ledru Paul, receveur de rentes.
6 V° Victor Soriot, entr. d. men.
8 Billiat Jean, marchand boucher
Naïf Ulrich, cabaretier.
10 Veuve Delagarde, gérante.
Bouzemont Charles, teinturier.
Mlle Lavallée Marie, m. de merc.

Epinettes (chemin des)

1 Boussard, employé de comm.
3 Bienvenu Léon, journaliste.
Lecomte Eugène.
Adolphe Joseph.
Caron Gédéon, jardinier.
Laval Jules, menuisier.
Payotte Charles.
Dufour Hubert, brodeur.
Zahner, brodeur.
Suter Prosper, brodeur.
Cochet Emile.
Courtois Prosper.
Turquin Victor.
Vairelle François.
Mme Hoinville Elise.
Auliquet Alph., beurres, œufs.
Heurtaux Louis.
Canouville Eugène, menuisier.
Aunos, emp. au Conservatoire.
Gérard Joseph.

3 Pyroire Antoine, ouvrier.
Grandidier Joseph.
Lefèvre Marcel, jardinier.
4 Walter Pierre.
Dufour Edouard.

Ernestine (rue)

3 Maître Jean-Baptiste.
5 Vernière Emile.
Veuve Paul Léger.
Fleury, publiciste.
Noyal Louis, ent. de mon. fun.
Tourneur Lucien, serrurier.
Delatouche Pierre, cultivateur.
Boquet, ouvrier.
Aublin, employé de ch. de fer.
Pellerin, employé de ch. de fer
Bertrand Jules.
9 Héry Louis, gd^e Montreau, ouv.
Veuve Louis Bouly.
Veuve Chéri.
Veuve Eugène Lecomte.
Jourdeau Marie.
Sourdan Armand.
Sourdan Charles.
Guerrée Albine, chef de gare.
Bleu Alexandre.
Guérin Eugène.
Quentin Jules, dessinateur.
Langlois, agent d'assurances.
Masson Paul, architecte.
Marin François, blanchisseur.
Chapuis Eléonore, ch. meublées

Etienne-Bast (rue)

5 Badère Jules, employé.
2 Alméras César, mouleur.
10 Lefrançois Edmond.
12 Richier Joseph.

Félifeu (chemin de)

Lefèvre Noël, bouilleur d'eaux-de-vies.

Fief (chemin du)
Dufresne.
Lemaître Léon, peintre.
Gissot, employé chemin de fer.
Philippot, emp. chem. de fer.
Rat, emp. chem. fer.
Brillaut, emp. chem. fer.
Léal, emp. chem. fer.
Djuillout, emp. chem. fer.
Hervy, emp. chem. fer.
Edon, emp. chem. fer.
Dufresne Albert.
Herbert, plombier.
Renard Claude.
Vve Le Seigneur Gustave.
Charvieux, employé.
Maxin, cantonnier.
Delmarre, garde-barrière.

Folie (chemin de la)
Cartier, garde-barrière.

Fort-de-Cormeilles (rue du)
1 Vve Louis Lhérault.
3 Eugène Fautier.
5 Méan Jules.
9 Balagna Louis, emp. de com.
11 Edeline Paul, employé.
   Vve Marie Mantel, md° d'épicerie
13 Bassoul Jean-Baptiste.
   Vve Huart.
   Lormeau Albert, employé.
   Rougé Joseph, employé.
   Leroudier fils, employé.
   Gagnière Pierre.
   Lepage Julien, garde-barrière.
   Dupré, chauffeur.
   Jubray Aimable, conducteur.
   Richer, employé ch. de fer.
   Outrequin, aiguilleur.
   Jarry, employé chemin de fer.
   Menard, conducteur.

Siquer, employé chemin de fer.
Etorre Joseph.
Maurice, emp. chem. de fer.
Laguette Constant.
Vve Gustave Lelou.
Paris Gustave.
Loisel, employé.
Villedieu, mécanicien.
Donny Joseph.
Pernot François, jardinier.
Victor Charles (dit Firmin).
Ernou Ernest.
Lhermitte, employé.
Gazeau Charles.
Hacquin Jules.
Vve Batton.
Batton Georges.
Hudes Auguste.
Colas Jean, restaurateur.
Bronski (de) Georges, fabricant de produits chimiques.
Vve Soulié, md° de vins.
Colas Jean, logeur.
Riou Jean, restaurateur.

Frette (chemin de la)
Yvon, garde-barrière.

Gaillon (rue)
1 Collas Jules, gendre Guerbois.
  Lutzy Théodore.
1 bis, Duvignot, employé.
3 Gastebois (de), employé.
5 Bachimont Antony, marchand de lait en gros.
  Chouquet Louis.
2 Carry Pierre.
  Vve Fayette François.
  Vve Pierre Raffart.
  Raffart fils.
  Vve Eugène Girardin, fruitière.
4 Boutfol Léon, notaire.

8 Dreux Louis, gendre Cottard.
12 Bialech Joseph.

Gare (avenue de la)

5 Mathieu Ernest.
  Bucan Charles, officier retraité.
9 Mailly, rentier.
  Fouet Henri.
  Prévost, emp. chem. fer.
  Dujardin, employé de banque.
  Benard Gustave.
11 Potevin Séraphin.
19 Nouguier Emile (1, r. de Brault) entrepreneur de trav. publ.
21 Lemaître Er., broc. en magasin.
  Lesieur, épicier.
  Decaux Louis.
  Lugez Désiré, peintre.
23 Doisteau Alfred, voyag. com.
  Chalmin Victor, acteur.
25 Defresne Hippolyte, architecte.
25 bis, Vve Rebertre.
27 Jouvin Eugène.
29 Lebert François.
33 Puech-Legoyt, médecin.
35 Fleutre Emile, gde-champêtre.
37 Aubry Pierre.
41 Guedon Delphin.
43 Louet Jean-Baptiste, g. Cypry.
  Louet Louis, sellier-harnacheur
  Lemarais Auguste, employé.
  Touzelin Eugène, menuisier.
  Chaussard Etienne.
45 Berlot, employé d'octroi.
  Parouffe, ouvrier riveur.
  Lesenne, couvreur.
  Vautier Pierre.
  Lefranc, jardinier.
  Vernier, ouvrier.
  Gérineau, emp. ch. de fer.
  Cochois, emp. ch. de fer.
  André, employé.

45 Demouchy, ouvrier.
  Vve France, rentière.
  Lamballais Ferd., emp. ch. fer.
6 Joseph Steiner.
  Barthel Emile, fruitier.
10 Pinot Auguste, fab. broderies.
22 Guimont Joseph.
28 Deluchat Sylvain, ent. maçon.
  Geas Paul, ouvrier jardinier.
  Geas Charles, employé.
30 Vellu Mme.
32 Sapin, artiste à l'Opéra.
  Cardon, employé.
  Daramy François, employé.
  Ignace, chapelier.
  Leroux François, emp. ch. fer.
34 Bergeron.
38 Loyo Léon, imprimeur.
  Mme Renvoise.
  Vve Renault.
  Poussardin.
  Vve Anselme.
  Nougeares, emp. chem. fer.
  Dumenil, employé.
40 Laprade Marcellin, maçon.
  Poffé Louis, md de vins.
  Marie Edmond, cabaretier.
42 Hic Joseph, jardinier.
56 Leclerc Alex., md charbons.
60 Angot, gendre Protais.
  Finck Albert.
62 Gribant Adolphe.
64 Favril, employé à la régie.
  Péras Marie.
  Tilly Henri, cultivateur.
66 Nothron Louis, g. Chevalier.
68 Royer Victor, époux Boudin.
70 Dubillon Hip., g. Bouteiller.
74 Cartal Charles.
  Vaillant, ouvrier chapentier.
  Binant, emp. ch. fer.
  Razaret, emp. ch. fer.

74 Mony, ouvrier.
Jacquet, garçon de bureau.
76 Feraudin Lazare.

Gare (rue de la)
Baudet Emile (route d'Enghien) fabricant de ferronnerie.
Mansel, chef de gare.
Templier Ar., libraire-Editeur.
7 Fouret René, libraire.
Breton Guillaume, libraire.
Joret-Desclozières, libraire.
Audiger François, ent. roulage.

Gare (place de la)
Piret fils, maître hôtel garni.
Compagnie chem de fer Ouest.
Labrière Louis, grainetier (20, rue Nationale).

Glaisières (chemin de)
Pelle Emile, employé.
Bucquillet Auguste, employé.
3 Neu Vincent, employé.
5 Suisse Louis, voyageur.
7 Malocrki Arthur, employé.
Filet, journalier.
Heurtoux Louis.
Martel Paul, emp. chem. fer.
Foley François.
Collas Louis.
Landry Nicolas.
Bergougnhou Jean, laitier.
Lacour, chauffeur.
Landry Paul.
Pellegrin Eug., rep. de com.
Morel Paul, emp. chem. de fer.
Chart Louis, employé.
Chuffart, entrep. de maçonnerie.

Gobelins (rue des)
1 Vve Guérin Louis.
3 Gentil Denis.

3 Cherel Théodore, emp. ch. fer.
Tétard Théodule, cultivateur.
5 Lépine Aubin, gend. Lépine.
Obry Jean, gendre Oswald.
Gaudet Eugène, cultivateur.
9 Rouvel Honoré, brocanteur.
11 Gruez Emmanuel, frappeur.
13 Vve Touzelin Louis.
Touzelin Charles.
15 Defresne Henri, gend. Dubois.
Vve Termeau Louis.
Ruel Léon, peintre.
17 Schelinguer Jules, jardinier.
2 Deschenault, logeur.
Martinet Jean.
4 Crosnier Jean.
Hildebrand Jacob.
Sevestre Théophile.
Sieffert Louis, chapelier.
6 Mantel François, cultivateu..
Houchot Eugène, cultivateur.
Girardin Denis, gendre Collas.
8 Lavaire Victor, g. Bouteloup.
10 Coplot Jules, gendre Delacroix.
12 Delacroix J., gend. Delacroix.
Delacroix-Chevalier Guillaume.
14 Niquet Emile, dessinateur.
Thomas, clerc de notaire.
16 Calvez François, md. d'épicerie
Gatel, ouvrier teinturier.
Valu, ouvrier.
Chatenay, emp. chem. de fer.
Viviare Henri, employé.
Bafoil, représentant de comm.
Delas, ouvrier.
Laborie Louis, ouvrier.

Gode (chemin de)
Masson Louis.
Weber, ouvrier carrier.
Mme Montel.
Guillot, maçon.

Vrinier, menuisier.
Gerkrath Pierre.
Camberlong Léandre.
 Laroche receveur.
Deschamps.
Noël Léon.
Echauplaires Alfred.
Bachelet, contremaître.
Plaquin Anatole.
Moreau, entrep. de maçonner.

Grande-Rue

1 Vve Taphanel, mde. cordonn.
Ansiot Eugène.
Magnan Paul
Mlle Dufour, employée.
3 Hamon Hippolyte, horloger.
Jean, dit Bruno, md. cordages.
Lassire Edmond.
Veret Chrysostome.
Vve Besnard.
Servonnet, emp. de télégraphe.
5 Vve Ballagny, cafetière.
7 Flury Charles, cordonnier.
Dieudonné, mécanicien.
Bredioux Jules.
9 Girod, gend. Choiselet, entrep. de peintures en bâtiments.
11 Ancelin Louis, md. charbons.
Glay Victor.
13 Isaac Louis, armurier.
Vve Vannier, couturière.
Franchot, ouvrier.
Rodrigues Paul.
15 Vincent Paul, md. d'épicerie.
17 Bazire Jules, md. nouveautés.
Vve André Vicq.
Alliaume André, ajusteur.
Vve Lefèvre.
19 Delacroix Em., gend. Angot.
Delacroix Em., gend. Persidat.
Marx Pierre, menuisier.

19 Vve Cirgoudoux, cordonnier.
Rougier, ouvrier.
David, emp. de chemin de fer.
Benière, charpentier.
21 Gohier Charles, md. de beurre.
Lamy, ouvrier.
Jean Marie, emp. chem. de fer.
Loret, ouvrier mercier.
23 Mlle Marie Cardineau, épicière.
Fromont Clément, tripier.
Jalabert, épicier.
Prévost Charles, boulanger.
Vve Samson, mercière.
27 Vve Sadron, épicière.
29 Magnan Pierre, vannier.
31 Defresne Jean, bandagiste.
33 Breitenmoser Nicolas.
Vve Laborie.
35 Farel Paul, md. de couronnes.
39 Boislaigue Adrien, huissier.
41 Guérin Alexis, gendre Forget.
Guérin Paul.
Vve Guérin Jean.
43 Darenne François, cabaretier.
45 Cornet Fernand, charcutier.
Montoloy, ouvrier.
Briquet Théodore, cultivateur.
Nitot Lucie, mde de tissus.
Bétis Paul.
Briquet Emile, cultivateur.
Walroff, ouvrier.
Charbonnot, ouvrier.
47 Vve Guedon Jean-Marie.
49 Brugger Jacques, cabar.-logeur
51 Clouet Louis, md. de fromages.
Vve Bonamy Nicolas.
53 Vve Macaigne.
Sarot Eugène.
Joly Alexandre, emp. chem. fer
55 Daverdin Jules, md. boucher.
Brasseur, employé d'octroi.
Batlong, rentier.

57 Collas Denis, marchand de vins.
57 Bouveret-Elisée, md poissons.
61 Denis M., md. de beurre, œufs.
 Nicot Louis, mercier.
65 Raucaz, cafetier.
67 Eyraud Alfred, maréchal-fer.
69 Lefebvre E., courtier de produits agricoles, tonnelier.
71 Fesche Eugène, horloger.
73 Sentier Ernest, md. boucher.
 Boulin Louis, vigneron.
 Delettre Eugène, vigneron.
 Bernegger And., fab. broderie.
75 Mothron Eugène, gend. Cottard.
 Renard Alexandre, gend. Collas, marchand de nouveautés.
 Mlle Octave Demollière.
 Rogelet Franç., ent. serrurerie.
 Vve Bétis Jules, ébéniste.
 Bétis Jules fils.
 Vve Lullier.
77 Hona Eugène.
 Delin Henri, md de poissons.
 Coussinet Lucien, md poissons.
79 Vve Groulard, couturière.
 Signolle Eugène, anc. boulang.
 Vve Signolle Joseph.
 Desliens, instituteur.
 Vve Dupin.
 Dumont Léon.
81 Perrin Joseph, chapelier.
83 Viller Pierre, brocanteur.
85 Vast Eléonore, charcutier.
 Bruneau Victor, épicier.
87 Petit E., ent. de peint. en bâtim.
 Blanc Louis, emp. ponts et ch.
 Pelletier Auguste, employé.
89 Mlle Colpin Irma.
 Masson Jules, employé.
 Bray, maçon.
91 Conchon Pierre, md. charbons.
 Duval, employé chemin de fer.
91 Coutet, emp. de chemin de fer.
 Saussenet, employé.
 Monnier, employé.
93 Jacquet Henri, md. quincaillier.
95 Kœnig Georges, md de lingerie.
97 Rabillon Paulin, boulanger.
 Bouture Jules, cafetier.
 Remoulin.
 Vve Tschebath.
 Léger, ouvrier.
 Planzer.
 Cosson, emp. de chemin de fer.
 Bernier, cultivateur.
99 Matte Ch., md bimbeloterie.
101 Flanet Eugène, charcutier.
103 Vandemeste Gustave, fruitier.
105 Saillard Léopold, chapelier.
 Chadirac Gab., md. toiles cir.
 Laroche, emp. chemin de fer.
107 Delanef Joseph, md. beurre.
 Lemaître, maçon.
 Mistigry Gustave.
 Belmont, garçon boucher.
109 Lhérault Jean.
111 Mlle Kœnig Joséphine.
113 Mlle Houssin Victorine, merc.
 Ricard, O., gend. Fautier, cor.
117 Lemoine Léopold.
119 Vve Morin H., md. couronnes.
 Boutroué Louis, ébéniste à faç.
121 Jouzeau Isidore, logeur.
 Jouzeau Léon fils.
123 Dauvergne Pierre, md. tissus.
125 Mlle Meunier Azime.
129 Toutain François, fruitier.
131 Pouillard Stanislas, pharmac.
 Vve Daquo.
133 Lemoine Célestin, restaurateur
2 Blin Jean, md nouveautés.
 Colard François, journalier.
 Bourgeois, typographe.
 Clostre, ouvrier.

4 Vve Souty, Théodore.
Richard, garçon boulanger.
6 Lardière, cultivateur.
8 Vve Crombin J.-B., bonnetière.
Vve E. Cordonnier, épicière.
10 Lescot Olivier, gend. Lhérault.
12 Spirgel, caissier.
Dupressoir Charles, horloger.
Touzelin, menuisier.
Deslandes Ferd., md linger.
Cottan Jules.
Vve Després, rentière.
14 Vve Boulanger-Denis.
16 Bernet Adrien, employé.
Termeau Alfred.
Lepicier Em., sellier-harnach.
18 Lemoine Louis.
20 Blou Ch., g. Lutzy, md boucher.
Bétis Jules, peintre.
22 Leporq Raymond.
Vve Coulet.
24 Mlle Pierron Adèle, mde merc.
Maingot Hippolyte.
Maingot Henri.
Maingot Charles.
26 Damougeot Aug., md de bois.
Fournier, brodeur.
Delacroix, employé.
Hazo Frédéric.
28 Vaillant Cyrille, cabaretier.
30 Vve Demoncy.
Cor Alexandre, ingénieur civil.
Joly Pierre.
Veissenflu André, charpentier.
32 Fautier, gendre Collas.
Bautin Charles.
Depierre Victor, chaudronnier.
Magnan P., vannier (Grande-Rue, 29).
Lefèvre Emile, employé.
Mazel Pierre, chauffeur.
34 Djury, ouvrier peintre.

34 Dumilâtre, pharmacien.
Armand, rentier.
36 Collas Eugène, gend. Girardin.
V. Tartarin Pierre.
Brestaux, emp. chem. de fer.
Savouret Louis, cabaretier.
38 Vve Kolb, mde de chapellerie.
Cureau Lucien, jardinier.
40 Defresne Jean.
Kalon J., entrep. peintures bât.
Vve J. Mondet, tabacs et liqueurs
42 Vve Girardin E., md liqueurs gros
Doublet, emp. chem. de fer.
Lenne Alphonse.
Girardin fils.
Aubé Emile, md de volailles.
44 Klein Clément, md de tissus.
46 Vve Luzardet Théophile.
Mme Demache.
Langlois Adol., bouc. hippoph.
48 Talitte Eugène, md de vins.
Lévêque, peintre.
Vérelle, emp. chem. de fer.
Lepeltier, emp. chem. de fer.
Chifflet, emp. chem. de fer.
Léger, ouv. serrurier.
Tenard, instituteur.
Bessé, emp. ch. de fer.
Almanzor, ouv. serrurier.
Boulay, instituteur.
50 Ozon Félix, md de nouveautés.
Garcelon P., entr. couvertures.
Nozeran, commis.
52 Vve Pérelle, mde d'épicerie.
Raison Jean-Baptiste, md cuir.
Lefèvre Edouard, maître tonnel.
Certain, serrurier.
Geraud, ouvrier.
54 Lépinet Georges, md couleurs.
60 Noblet Auguste, cabaretier.
62 Bray Ernest, md droguiste.
Tannerie Bruno.

62 Montoloy, ouv. serrurier.
Menière Théodule, vins en gros
Mme Benoit, couturière.
Noveu, emp. chem. fer.
64 Pattez Pierre, md vins en gros.
66 Vve Leber Hippolyte.
Magny Edouard, fruitier.
Harang Ferdinand, forgeron.
Avronsard, employé.
68 Dardé Marie, messager-camion.
Langlois Jean.
Vve Cassan Pierre.
Gouverneur, charretier.
Provins Louis, ouvrier.
Vve Regard.
70 Gaillardot Julien, papet.-libr.
72 Rousseau Octave.
Delatouche, cultiv., g. Guibert.
74 Tricart Alexis, cour Pointier.
76 Vve Alp Deschamps, md cordon.
Vve Godard.
Garochau Ernest, md boucher.
78 Auzat Henri, fumiste.
Vve Renault.
Mlle Sylvain Lucas.
80 Leroux, emp. chem. de fer.
Durand Louis, md épicerie.
Tancelin Edmond.
Chantrel Henri, clerc notaire.
Laurence, employé.
80 Baracan Jules, pharmacien.
Daveau, ouvrier menuisier.
Marié Edouard, banquier.
Marié Louis, banquier.
Bélier Gaston, banquier.
Berthe Désiré, emp. banque.
Vinay Jules, employé.
84 Patard Henri, cabaretier-log.
86 Mlle Ouvrier Sidonie, md° nouv°
88 Hornet André, gend. Collas.
Dingremont Henri.
90 Tannières Théodore.

90 Vve Defresne.
Aubin Henri, md vins en gros.
Luce Gaston, charp. de bateau.
Rouppe Charles, modiste.
Debauge Albert, bijoutier.
Kloger Charles, tailleur.
Cloarec Jean, emp. chem. fer.
92 Lacroix Alex., md porcelaine.
94 Magnan Jules, md vannier.
Touzelin Hip., md cordonnier.
Bazille, employé chem. fer.
Baudet Isaïe, mercière.
Magnan Arthur, gend. Legereux.
Magnan Jean.
Gilles, ouvrier de bâteau.
98 Damois Arthur, mercier.
Dubois Odile, pâtissier.
100 Charmeau Louis, coiffeur.
Veillot, ouvrier.
Vve Mathieu.
Vve Raymond-Véret, teinturier
102 Denance Charles, grainetier.
Joubert, charcutier.
Boucher, ouvrier.
104 Barillor ouvrier.
Lebreton, journalier.
Bouvot Claude, bourrelier.
108 Mme Félix, cabaretière-log.
110 Vve Gossent, md beurre et œufs
112 Aizières Cl., md voitures enf.
Mme Dior Désiré.
114 Lemoine Jacq., matt. hôt. gar.
116 Bouré Denis, épicier.
Petitfourt Jules, cafetier.
118 Voglin Emile, boulanger.
120 Lassue Em., dent.-herb.-drog.
122 Vve Taphanel, md° cordonnerie
Masson Fr., md bimbeloterie.
Boistau Charles.
Marneur Jean, ouv. peintre.
124 Chastin Louis, épicier.
Hallard Joseph, horloger.

Vve André Prudent.
Cie des Pompes Funèbres de la banlieue de Paris.
Giroux, préposé pompes fun.
Fourcault Alfred, employé.
126 Bontemps Alfred, libraire.
Girardin Louis, md. boucher.

Grande-Saule

Gras Jacques, restaurateur.

Graviers (Les)

Secqueville Valère.
Ledrux Valentin, jardinier.
114 Kerviche Jeanne.
Tache Henri, charretier.
Jolivet, ouvrier.
Ferry Charles.
Veuve Tissy Pierre.
Gourdan Octave, concierge.
Claparède frères, f. de chaud.
Boucher Georges, f. de chaud.
Maneuf Jean, concierge.
Dargo Jules, cabaretier-log.
Prevert.
Meffre Ach., court. de march.
Michelet Emile, ingénieur.
Guérin Alexandre, employé.
Berson Louis, march. de vins.
Gillet Georges, fab. de cartons
Bourguignon, cabaretier.
Champy, carrier.
Hugon et C°, fabricants de gaz
Lemaréchal.
Peneau Julien, teinturier.
Omnes Jean, restaurateur.
118 Mony Alexis, charretier.
Rouif Louis, employé.
Nauer Joseph, jardinier.
Dantier Gustave.
Demathieu, ouvrier cantonn.
120 Leclerc, employé.

Veuve Pivot.
Barreau Claude.
122 Bompart Jean.
124 Chopin, fondeur.
Jublin, chef-mécanicien.
Dugoux Jean, concierge.
126 Lathuillerie.
Brolle père.
Brelle Olympe fils.
128 Lapyre Antoine.
130 Corné Julien.
136 Petitjean Joseph.
Peneau Julien.
138 Veuve Millon Michel.
Millon Antoine.
140 Zumbach, comptable.

Guinettes (chemin des)

Rothmann Maurice, fab. de brod.

Halage (chemin de)

Lafuste Jean, entrep' de charp.
Société du Pont d'Argenteuil.
Garnier Nicolas, recev' du Pont.
Bureau du receveur d'octroi.
Veuve Cauchois Jules, restaur.
Lallemand Alb., m° de bat.-lav.
Boyenval Louis fils, m° de b.-lav.
Diard Julien fils, m° de bat.-lav.
Meheut L., ent' de bains pub.
Gérard, fermier des droits de place (au Raincy).
Letellier Louis, employé.

Héloïse (boulevard)

1 Wenteclaye fils.
3 Alexandre Ernest, marchand de reconnaiss. du Mont-de-P.
2 Michaut Eugène, cabaretier.
4 Rapinat Pierre, maçon.
Fauvel Georges, restaurateur.
6 Levasseur, em. des contrib. ind.
Nerault Clément ouvrier.

6 Guignard Eugène, ouvrier.
Guillot, employé.
8 Godard Emile, arpenteur.
Puiseux Jean, gendre Tilly.
10 Desbleumortier Georges.
Leclerc père, march. de charbons (60, av. de la Gare).
Ferry, serrurier.
Lacroix, bijoutier.
Robert Albert, ouvrier menuis'.
Veuve Desbleumortier, 10
12 Bourdot, clerc de notaire
Dumilâtre Horace, ch. meub.
Veuve Collas Denis.
14 Moreau Eugène.
Gentil Denis.
18 Labbé Alexandre.
Emery Eugène, sec. de la mairie
20 Préjean-Norbert, garde-champ.
Ouclercq, mécanien.
Abraham Eugène.
Faivre Joseph, ag. de police.
Collas Marie.
Verthé Edouard, cabaretier.
22 Laplaud Léon, concierge.
Brixy Alphonse, forgeron.
Jouzeau, employé.
Métoz Léon, agent de police.
Leroy Louis, employé.
Desbouiges, employé.
Jouard, rentier.
24 Tuquet Philibert.
Tuquet Abel.
Dame Louis, contre-maître.
Clément Frédéric, clerc de not.
26 Brouard Henri, restaurateur.
28 Glevar Jules, restaurateur.
30 Leroux Jules, restaurateur.
32 Veuve Toussaint.
Veuve Lesieur.
34 Veuve Pommier Jacques.
36 Luret, ouvrier.

36 Huguenaud Louis.
Roche André, maître d'hôtel.
38 Rose Louis, charpentier.
Raymond, employé.
Carrel, employé.
Boulanger, employé.
Duval Emile, m. de couleurs-v.
40 Bertrand Eugène, restaurateur.
42 Lenard Ernest, employé.
Coupvent Auguste, menuisier.
Lorcet, cond. des ponts et chaus.
Routier Emile, chaudronnier.
Veuve Sachot.
Simbozel Charles.
Belly, architecte.
62 Lemaître Marie, ent. de bals p.
Mirbelle Ernest, ent. de maç.
64 Vincent Paul.
66 Charpentier Gabriel, g. Dulong.
70 Moulu Félix-Eugène.
Baelen Léonel.
Baelen Albert.
Baelen Gustave, chef de bureau.
Veuve Quénot Jacques.
72 Dreux Auguste.
74 Martin Edmond.
76 Ternois et C°, ent' de vidanges.
Quénot Louis.
80 Monay Jules.
82 Mellier, contre-maître.
Dumez, fabric. d'une spécialité pharmaceut., vendant en gr.
84 Mlle Boulnier.
Veuve Brault Léon.
88 Misa, march. de vins en gros.
Davroud Emile, m. de liq. en gr.
Mme Davroud.
90 Ethis Hippolyte, banquier.

Hôtel-Dieu (rue de l')

1 Graub Jean.
3 Vve Mothron Henri.

Vve Prunier, blanchisseuse.
Gueun, cultivateur.
5 Vve Julien David.
Paris, ouvrier.
Simard, emp. ch. de fer.
Lenormand Louis.
9 Scache Joseph.
Renaud Jules, plombier.
Dubois, carrier.
Pinguet Félix, brodeur.
Guillot, brodeur.
Souget, ouv. menuisier.
Collin, rentier.
Bret, employé.
Cotin, employé.
Monmousseau, employé.
Vve Pamard.
Desjardins, ouvrier.
13 Simon Albert, boulanger.
15 Texier André, taillandier.
17 Vve Defresne Auguste.
Frérebeau Jules.
19 Damal Louis, ouvrier.
Vve Magnan Jean.
21 Vve Lohry A., md œufs beurre.
Chevalier Louis.
23 Mercier Alfred, md forain.
25 Coignard Louis, étameur.
27 Rateau Georges, emp. ch. fer.
29 Rocher Antoine, laitier.
31 Gilbert Henri, maître Lavoir.
33 Vve Buisson, débitante de vins.
35 Vaucelles L., maître bains pub.
Froncq, emp. ch. de fer.
Morin, ouvrier.
Prevet, professeur de musique.
Delamel, (Gde-Rue) md beurre.
37 Vve Jean Defresne.
Defresne Louis fils.
39 Samson Edmond, md épicier.
Lelu (7, r. St-Germain), tailland.
41 Bochart Louis.

41 Potiquet, chauffeur.
2 bis, Dulong Etienne.
Dulong Paul fils.
Vve Beaujeu Henri, logeuse.
4 Guénin R., fab. eaux gazeuses.
6 Vve Chevillard.
Clacquesin Henri, md épicier.
Hache, ouvrier.
Varlet, mécanicien.
Nicolle, emp. ch. de fer.
8 Crosnier Louis, gend. Montaut.
Vernay Jacques.
10 Chevillard Ch., md d'huiles.
Penou, pilote retraité.
12 Vve Defresne.
Lesueur Ch., gend. Gourgerot.
14 Leprince Armand, cabaretier.
Vve Paul Vivant, blanchisseuse.
Masson, employé.
Mayeux, ouvrier.
Bacherie, journalier.
Vve Tiertaut.
Gardet, peintre.
Boulade, journalier.
Vve Boulade.
Ridoult, ébéniste.
16 Poulain Charles.
Vve Vial, blanchisseuse.
18 Collas Louis.
20 Mathieu Louis, serrurier.
24 Blin Simon, cabaretier-logeur.
26 Mignot Paul, md de vins.
28 Girardin Louis, g. Defresne.
Vve Plocque.
Wartel, emp. ch. de fer.
Léonard Georges.
30 Vve Defresne Pierre.
Morizot fils, bijoutier.
Martin Paul, cafetier.
Martel, ouvrier.
Leroy Edouard, charpentier.
Bourgeois Hippolyte, coiffeur.

30 Peyraud Eugène.
   Taleu, ouvrier.
   Vve Frenault.
32 Girardin Honoré, g. Roberge.
34 Vve Ferry, débitante de vins.
36 Fremin Louis.
   Bourginot Louis, tripier.
38 Julhien Joseph, md épicier.
40 Védy Em., ent. peintures bât.
   Vve Stilder.
   Lainé Lucien, peintre.
   Mercier Henri, fruitier.
   Mme Foret, débitante de vins.
42 Mme Latrompette.

Innocent (ruelle de)

1 Charpy Jules, menuisier.
3 Menière Louis, logeur.
   Guffroy de Rosemont, banquier (rue de Paradis).
   Bessenée Célestin.
   Petit Emile (Grande-Rue, 87) entrep. de peintures en bât.
   Brousse F., ent. couvertures.
5 Poulbier Hilaire.
7 Borry, aumônier.
2 Vve Louis Defresne.
   Gaudier Paul, employé.
   Guibert Louis.
   Lainé, peintre.
4 Vve Collas Louis.
   Deschamps Jules, brodeur.
   Bullot Louis, carrier.
6 Dreux Eugène.

Justice (chemin de la)

Mlle Marie Bourgeois.

Laugier (rue)

9 Demkis Eugène.
11 Douelle Félix.
13 Daveau Ernest, employé.
13 bis, Marconnet A., emp. ch. fer.

15 Vve Seguy, loueur chamb. meub.
   Cohadon Antoine.
2 Paldassi Jean, concierge.
   Roussot, charron-maréc.-fer.
   Vve Cartelat.
   Day, employé.
   Varnet, brodeur.
   Colard François.
4 Scheibling (39, r. de Carême-Prenant) maréchal-ferrant.
   Frion Charles.
6 Vve Jean Samson.
   Eugène Samson.
   Masson Eugène, ouvrier.
   Scherenck Ruchard, menuisier.
   Pavoine, emp. chemin de fer.
   Blériot Théodore.
   Vve François Dubillon.
14 Vve Michard.
   Lemercier Paul.
16 Pannetier Benjamin.

Legrand (villa)

3 Mlle Aglaé Duquesne.
5 Claparède C., fab. chaudronner.
7 Duringer Frédéric.
9 Rousseau Camille.
6 Berson Denis.
8 Pernet Pierre.
10 Escoffier Antoine.
12 Legendre Charles.
14 Vincenti Ygome, emp. min. mar.
16 Pinot Louis.
   Nathy (de Londres), md de bijoux en faux.

Lévêque (rue)

1 Brouchot Camille, g. Rapsome, receveur de rentes.
5 Caubrière Ch., md parfumeur.
7 Caubrière C., md parfumeur.
9 Homberger Edouard, courtier.
11 Philippe Auguste, ouvrier.

Chrétiennot Louis, g. Guillot.
Boves André, md fruitier.
Chavigneau Mat., chef monteur.
Mlle Delle.
Pochon Louis, charretier.
13 Vve Tilly Vincent.
Nicolle Auguste, cultivateur.
Lardière Achille, tonnelier.
2 Brait de la Matte Hippolyte, fab. de cordons, lacets, tresses.
Société générale pour la fabric. des papiers photog. indust.
6 Crosnier L., g. Dubois, cultiv.
10 Ricordeau Adolphe.
12 Lhérault Achille.
16 Defresne Théophile, cultivateur.

Liberté (rue de la)

1 Meyer Emile, ouvrier.
Ollivier, emp. chemin de fer.
Lamarque, rentier.
Bignon, ouvrier.
Muller Emile, brodeur.
Dumont, employé.
Vve Biglin.
Rombeau fils, clerc de notaire.
3 Cottret Emile, cultivateur.
Vve Vuillecot, blanchisseur.
Collas, cultivateur.
Leguiller Adolphe, g. Flanet.
5 Gerphugnon, supér. des frères.
Louvel, emp. de ch. de fer.
Cambuzat Louis, cultivateur.
Liberge, cultivateur.
7 Vve Cornu.
9 Rombeau Henri, sacristain.
Cornier Ch., mécanicien.
Mongin Paul, mécanicien.
Mongin Auguste, mécanicien.
11 Walet Amédée, cultivateur.
Abraham, cultivateur.
13 Laboureur Célestin, laitier.

13 Gourgerot Denis.
15 Defresne Jean.
Aubry François.
17 Fautier Hippolyte, cultivateur.
Vve Poncet J., entr. serrurerie.
19 Delsuc Firmin,
21 Mallet Lucien, charcutier.
Bouvier Jean, mercier.
Pion Eugène, md de charbons.
Riou, emp. ch. de fer.
Wallet Jean.
Prunel Louis, emp. ch. de fer.
Delaroche, maçon.
Hurault, emp. ch. de fer.
Bougé Etienne, mécanicien.
Wandevors.
Leroyer A., emp. ch. de fer.
Davau, cordonnier.
23 Vve Collas Louis.
Lescot André, gend Collas.
25 Luce Jules, charp. de bâteaux.
Heuze François, garç. boulang.
Mauchain Aug., couvreur.
27 Defresne Louis, cultivateur.
Vve Szezerbu, mdᵉ bimbeloterie
2 Bulot Ernest, cordonnier.
4 Souchet Jean, md charbons.
6 Gontier Emile, cultivateur.
8 Tartarin Laurent, g. Loiseau.
10 Mothron Denis.
12 Vve Lecomte Jean.
Lallemand Victor, cultivateur.
Yon François, cultivateur.
Vasnier Ulysse, emp. ch. fer.
Hervot, emp. chem. de fer.
14 Aubry Jules, gendre Loiseau.
Aubry Denis, gendre Leboucq.
16 Cornu Félix, cultivateur.
Legros, ouvrier.
Meteron, emp. ch. de fer.
Petit, employé.
Chable Henri, emp. ch. de fer.

16 Martin, ouvrier.
　Secqueville, ouvrier.
18 Defresne Denis, cultivateur.
20 Les Sœurs de la Ste-Enfance.
22 Loiseau Joseph, cultivateur.
　Thibaut Eug., emp. ch. de fer.
24 Testas Jean, gendre Bertin.
26 Collas Louis, grainetier.
　Finot Louis, recev. cont. ind.
28 Bizet Aug., md bœuf, lait.
　Fleury Hector, employé.
　Fraher, brodeur.
　Philippe, mécanicien.
30 Dumont Antoine, coiffeur.

Mans (rue du)

2 Garry, forgeron.
　Canesson, ouvrier.
　Demoulin.
　Mme Lambert.
　Maillard, employé.
12 Deboves Henri.
14 Rusé Charles, brodeur.

Marais (le)

　Vve Lelong Camille.
　Poncet Pierre, jardinier.
　Scheube Pierre.
　Barreau Jean, jardinier.
　Alexandre François, jardinier.
　Herbaut Alph. fils, entrepreneur de l'enlèvement des boues.
　Leblanc, fabric. de broderies.
　Lemaitre Jacques, malletier.
　Manhès, laitier.

Maria (avenue)

3 Richier Paul.
2 Courboin Eugène.
4 Vve Marie Ollivet.
6 Blanc-Davesne, dentiste.
8 Foucault, gref. Just. de Paix.

10 Béchu Jean.
12 Lefranc Théophile, jardinier.
　Moussu Charles.
　Delacour Conrad, dessinateur.
　Méheut Louis.
14 Miné Ernest, architecte.
16 Morin Albert.

Marly (villa)

3 Chagneau, entrepreneur.
　Feucherolle Marin, entrepren'.
　Derivière Paul, entrep. bière.
5 Roumier Guillaume.
　Roumier fils.
9 Vve Rouland Hippolyte.
11 Vve Mauriac Gérard.
　Mercier Michel.
2 Barré Paul.
　Vve Charles Logerot.
　Billaut Jean, rep. de commerce
　Strœnart Adrien.
8 Vve Massias.
　Oudin Eugène père.
10 Vve Viet Jean.

Mirabeau (boulevard)

　Vve Cérès.
　Guérin.

Montmorency (rue de)

2 Jolly Pierre.
　Dubois Baptiste, concierge.
4 Scheppers Gaston.
8 Vve Boudier.
　Hermann Philippe.

Montmorency (Bd de)

4 Ruffier.
6 Thiesset banquier.
8 Chaise Louis, typographe.
10 Vve Perdrieux Ch., fab. plâtre.
12 Dousset Jac., ent. trav. publ.
14 Vve Duval.

14 Vve Gardillon.
Conchon P., (91, Grande-Rue),

Muret (chemin du)

2 Cavé Charles, architecte.
8 Bezillon Alexandrine.
10 Genty Charles, emp. de comm.
12 Bérenger Adrien.
14 Lhostic René, ouvrier.
Guillard, frotteur.
Cottin Jules, maçon.
Guillon Jules, emp. chem. fer.
Descalle Jean-Baptiste.
Charpentier Henri, clerc de not.
Hotton Christophe, cultivateur.
Demay Léon.
Bellier Emile, emp. de comm.
Coueti Victor, étameur.

Nationale (rue)

1 Tauffenberger, artiste lyrique.
3 Moreau Alexandre.
5 Deluchat Sylvain, (28, avenue de la Gare) entrep. maçonnerie.
V. Soriat, (6, rue d'Enghien) entrep. de menuiserie.
17 Delalande Gustave (19, rue du Port) entrep. bals publics.
Poffé Henri, (route d'Enghien) entrep. de serrurerie.
19 Touzelin Emile.
21 Auzeau, concierge.
Doré, dessinateur.
Haury, employé.
Taquet, ébéniste.
Sitler Auguste.
Vve Famin.
Cabaret, employé.
Leblanc, brodeur.
Vve Couchond.
Blanco, employé.
Bertho Gustave.

Bruant, commissaire de police.
23 Vve Verson Pierre.
Bergeron, employé.
25 Vve Levet.
Vve Rivaud.
Dutrieux Jules, entrepos. bière.
29 Pouillard Albert, ébéniste.
31 Barthot, concierge.
Brière Alfred, com.-voyageur.
Poisson, boulanger.
Mme Gillet.
Vve Mollard.
Barré, employé.
Mlle Bret, couturière.
Fontaine, employé.
33 Falconi Julien, insp. Cie Ouest.
35 Mme Julien.
37 Morin Julien, chapelier.
Vve Kolb.
45 Abel Jean, g. Robineau, chiffon.
6 Tincq Joseph, fab. prod. chim.
8 Montrouge Louis.
10 Roussel P., f. p. équip. troupes.
14 Desbois Louis.
Desbois fils ainé, architecte.
Desbois fils jeune.
Couette, restaurateur.
20 Lafuste Hip., entrep. charpentes.
22 Labrière Alfred, grainetier.
Labrierre fils.
Deschamps Désiré, employé.
Vve Labrière Louis.
24 Vincendeau, contremaître.
26 Pion Cyriaque, instituteur.

Naveau (rue)

5 Guérin Paul.
7 Gareau, emp. chem. fer.
11 Mongin père.
13 Fauvette Louis.
Fauvette Henri.
15 Delahaie Marie.

17 Lemaître Amédée.
Rainville Louis.
19 Manchevelle Louis, g. Collas.
21 Cornu Jean, gend. Lépine.
23 Vve Blaizet.
2 Vve Antoine Caradan.
Langignard Jules, blanchisseur
4 Vivoix, ouvrier.
4 bis, Signolle Edmond (Grande-
Rue, 79, boulanger).
6 Regnard Auguste, cultivateur.
8 Vidmer Emile, brodeur.
Couturier Jules, gend. Dubois.
10 Vve Jules Charbonnier.
Delamarre, emp. ch. de fer.
Herbet, ouvrier maçon.
16 Mlle Marie Thervaux.
Tervaux père.
Caminade Gabrielle.
18 Fruit, ouvrier ébéniste.
20 Vve Louis Crosnier.
22 Vve Pierre Prévost.

Neuve (route)

14 Cailleux Eugène, chauffeur.
Bac Auguste, forgeron.

Noue (chemin de la)

Saussey Eugène, cabaretier.
Delcourt, fab. produits chimiq.
  (36 bis, r. de Pontoise, Bezons)
Bouissinet Jacques.
Godmann, concierge.

Notre-Dame (rue)

1 Dingremont J., gend. Cottard.
3 Girardin J., gend. Dubois.
Vve Manchevelle.
5 Legrand J.-B., charpentier.
Brisset, typographe.
Arrachart, employé.
Echelard, ouvrier.

Pernot, ouvrier.
7 Hue Albert, commis.
Leroux Félix, gend. Grenet.
Bourgeois Ernest, ouvrier.
Vve Gérard.
Gérard fils.
Lhérault Jean, cordonnier.
9 Chataignor Louis, emp. ch. fer.
Vve Picot Frédéric.
Beaufils Albert, ouvrier.
Clé, employé chemin de fer.
11 Lemoine Célestin, g. Bretille.
13 Dumontier, cantonnier.
Lallemand, ouvrier.
Riquet, Henri, chauffeur.
Marc, chaudronnier.
15 Mlle Louit Louise, brodeuse.
Vve Bolzinger, blanchisseuse.
19 Vve Bridault.
Beauchard Louis.
21 Dreux Philibert, g. Rapsome.
Garet Alexandre, cultivateur.
23 Vve Fautier Jean-Baptiste
27 Vve Tuvache F., md cordonnerie
Vve Auguste Maurice, rentière.
Brault, blanchisseur.
2 Pinaud Charles, plombier.
4 Paillet Louis, loueur voitures.
Paillet Clément.
8 Girardin Henri, architecte.
Dingremont J.-B., g. Dubois.
Rapeau, rentier.
Floret, employé.
8 bis, Vve Alexandre Rousseau.
10 Defresne Henri.
Basile Marie, garde-champêtre.
Lhérault, journalier.
Anathère, cultivateur.
Malterre, mécanicien.
Mme Roart Argentine.
Collas Arthur, cultivateur.
Perraz Jean, garçon boucher.

12 Vve Lemoine Louis.
14 Dubillon Eugène, gend. Collas.
14 Vve Gourgerot.
   Bouthiliers.
   Cottard Louis, cultivateur.
   Viard.
   Biardot Isidore, terrassier.
16 Garnier Louis.
   Vve Oudard.
   Vve Collas-Chevallier.
   Payen, jardinier.
20 Hornet Franç., gend. Lemoine
22 Vve Gourgerot.
24 Mlle Fautier.
26 Bernier François, cultivateur.
   Chrétiennot Auguste, cultivat.
   Vve Carthery, cultivatrice.
   Colas Auguste, gend. Colas.
28 Vve Dingremont Armand.
30 Mothron Eug., gend. Lemoine.
32 Sidoli Louis, gendre Ferry.
   Vve Bretille Eugène.
34 Vve Lacroix Pierre.
36 Leguay Paul, épicier.
   Canot, employé.
38 Margueret.

Orgemont (Moulin d')

Vve Joseph Monnier.
Vergouguhen Jules.

Orgemont (chemin d')

Augustin, marchand de vins.

Ouches (rue des)

1 Léonardon Firmin, ouv. maçon.
  Fresne, emp. de chemin de fer.
  Vve Tuffait, blanchisseuse.
  Billon, emp. de chemin de fer.
  Masson Thomas, blanchisseur.
  Douillet Joseph, épicier.
3 Lucas Louis, couvreur.

   Eliot Laurent, blanchisseuse.
5 Voyer Louis.
7 Vve Dreux André.
9 Lecomte Louis.
11 Vve Bretille Denis.
13 Guédon, gend. Crosnier, culiv.
15 Vve Jules Lhérault.
   Nicolle Auguste.
   Collas Charles, gend Lhérault.
17 Vve Lhérault Louis.
   Gourgerot fils.
   Vve Tardif.
   Bouvry, rentier.
   Vve Hubaut Edouard.
   Mlle Chandellier, rentière.
   Mme Elhuin.
   Pinchon Louis.
   Raverdy Camille fils.
19 Delacroix Jean.
21 Chevalier Louis, gend. Mothron.
23 Hornet Louis, gend. Lhérault.
25 Hornet Denis, gend. Bellier.
27 Hordez Louis, peintre.
   David Jean, gendre Fautier.
29 Vve Lhérault Louis.
   Lhérault Louis.
2 Gasse Ernest.
4 Collas Louis, gendre Gentil.
6 Vve Lefèvre Pierre.
8 Les Sœurs Marie-Joseph.
10 Morand, ouvrier.
   Salmon, emp. de chem. de fer.
12 Tartarin Denis, gendre Lescot

Paradis (rue)

1 Dementhe Léopold, cultivat.
3 Lemoine Jacques.
5 Lacroix Eugène, gendre Alline.
7 Hornet Louis.
9 Veuve Lenormand Jean.
  Veuve Chailloux.
17 Gillot Louis.

19 Saillard Paul, ingénieur civil.
23 Pantoux Adonis, ent. de maç.
   Buirette, s.-ch. aux Messag.-M.
   Motte Léopold.
   Pinot Henri, comptable.
2 Jouannigot Alfred, entrep. de bière (r. de Saint-Germain).
   Vice Charles, chaudronnier.
   Robache Achille, brodeur.
   Foret, jardinier.
   Frain Auguste.
4 Grégoire Arthur, garçon boul.
6 Sénéchal Louis.
10 Guffroy de Rosemont, banquier.
12 Pansier Jean, chef poseur.
   Philippeau, sous-chef de sect.
14 Diguer Adolphe fils.
   Veuve Diguer Joseph.
16 Langlois Hippolyte.
   Kremer Jules, blanchisseur.
16 bis Brauner Jacques.
   bis Otto Eugène.
16 ter Defresne Pierre, g. Defresne
18 Guillet Louis, garçon de bur.
   Picard Théodore, ouv. armur.
   Verthé Edouard, gendre Dupont.
   Traisnel Jules, jardinier.
   Huet Adrienne.
18 bis Perthus Jean, laitier.
20 Veuve Eggenberger.
   Briand, batelier.
22 Simonin, journalier.
22 bis Laverdure Ferdinand.
24 Guérin Etien°, courtier de best.

Paradis (boulevard)

Meyer, employé.
Frey Victor.
Mme Pircker Constance.
Veuve Claparède.

Pavillon (chemin du)

5 Fréchin Louis, modeleur.
   Laverdure, rentier.
   Obrich.
   Gavard, ouvrier.
   Veuve François.
   Bonnet, clerc de notaire.
   Petit Michel.
   Thibault Albert, ouvrier.
   Dubois Léon, ouvrier imprim.
   Godderige, brodeur.
7 Plisson Auguste.
   Maître Jean.
9 Mavet Gustave.
   Cizeski Jean.
   Thomas Jean, emp. de ch. de fer.
   Mirbelle Ernest, entrep. de bâtiments (60, boul. Héloïse).
   Lousse François.
   Lozet Henri, jardinier.
   Garet Florimond.
   François Jean.
   De Kérazec G., emp. au *Phénix*
   Robas Joseph, contre-maître.
   Devergie, comptable.
   Comte Louis, boulanger.
   Guesnet, employé.
   Herbet Louis, maçon.
   Veuve Langlet.
   Carré Auguste, jardinier.
   Veuve Legal.

Pérouzet (rue du)

Samson-Collas, Nicolas.
Coutelet Ant., entrep. de bières
Aubert, employé au pont.
Jamot, charpentier de bateau.
Bertrand, employé au pont.
Sevestre, gendre Coutelet.
Papet Eugène, emp. de ch. de fer
Cortiglioni Petro, horloger.
Mongin Paul, serrurier-méc.
Veuve Lesseure Jean.
Galifau Marie, couturière.

Veuve Andouard Pierre.
Ferry Léopold.
Enoc Achille.
André Justin, tourneur.
Rigaud Hector, apprêteur.
Gobillon fils, mécanicien.
Dauthron, maçon.
Garnier, ouvrier.
Fayau Louis, chaudronnier.
Matielli, employé.
Robert Henri, ouvrier.

Pierre (chemin de la)

3 Coade Louis.
Magnan Pierre (29, Grande-Rue), marchand vannier.
Ancelin Louis (11, Grande-Rue), marchand de charbons.
Veuve Zuber Jean-Baptiste.
Gentil.
Gentil Gustave.
Dantin Edouard, employé.
Selle Eug., emp. de ch. de fer.
Poupenaud, ouvrier.
Chevance André.
Leclerc, ouvrier ajusteur.
Blot Paul, emp. de ch. de fer.
Porreau Désiré, brodeur.
Billet, empl. de ch. de fer.
Letienne, empl. de ch. de fer.
Prault, empl. de chem. de fer.
Villain, ouvrier.
Py, Ferdinand.
Destuynder Paul.
Louis Armand, employé.
20 Bernard Théophile, employé.
Mallezet Albert.
Bruyant Antoine, maçon.
Geiger Ferdinand, fab. de brod.
Zahner, fabricant de broderies.
Dauhomet, fab. de broderies.

Pierre-Guienne (rue)

1 Vve Eugène Aubry.
2 Launay Emile, employé.
6 Vve Aubry Eugène.
8 Mme Bresson Franç., mde charb.
12 Hussenet Jean, épicier.
Vve Saguez.
Lambert fils, employé.
Mollet Victor, ouvrier.
Entz, rentier.
Desprès, employé.
Meyer, employé.
Mme Levaillant, rentière.
14 Chevreul Jules.

Plantes (rue)

Mme Erra.
Rollet Elyssée.

Pontoise (rue de)

1 Béguin Germain, grainetier.
Frenault Auguste.
Collet, couvreur.
Brévillon, emp. chemin de fer.
Caboche, employé.
Wettack, brodeur.
Louis Alphonse, md. pâtissier.
Menu, employé chemin de fer.
Touzet Félix.
Sequeville Fréd., contremaître.
Sequeville Albert.
Valetier, jardinier.
Lejuste, rentier.
Lépine, rentier.
Mongin, peintre.
Quéland Louis, ouvrier.
Salesse Pierre, concierge.
3 Levesque Denis, gendre Collin.
5 Alline Albert, entr. de menuis.
Vve Athanase Dauvergne.
9 Vve Etienne Chevalier.

Liout Etienne, md. boucher.	Prosper, emp. au chemin de fer.
Vve Mathiran.	Vve Lépinet.
13 Nicodeine Louis, rentier.	Mme Grégy Ch., sage-femme
Rapsome Eugène.	Lemaire, emp. chemin de fer.
15 Vve Louis Chavineau.	Durand, rentier.
17 Vve Louis Lutzy.	Guittermann, chapelier.
19 Collas Louis.	8 Lescot Victor.
Vve Jules Dumontier.	Collas Charles, gend. Chailloux.
20 Regnard Jean.	Fargeot Victor, tailleur de pier.
25 Denance Alfred, voiturier.	Vve Brulant.
Vve Letteron.	Jérôme Edmond, gend. Verin.
27 Finet Jean.	Noailles Louis, md. charbons.
Achet, employé.	Dupuis, A., md. de vins en gros.
29 Alaux Auguste, md. charbons.	10 Lescot Jean, gendre Gagnon.
31 Lescot Jacques, gend. Lhérault.	12 Fromont, ouvrier.
Lescot Louis, gendre Lescot.	Burguet, emp. de chemin de fer.
33 Ducloux, contre-maitre.	Vincent, employé d'octroi.
Triten Pierre.	Lamy, employé.
Hopilard, clerc de notaire.	Le Goff, emp. de chemin de fer.
37 Fautier Jean, gendre Bretille.	Collas, ouvrier.
Burguière Gustave, agent d'aff.	Rousseau, fumiste.
Berthoud Louis.	Vve Lemire.
Flamarion Joseph, ouvrier.	Coteau Vincent.
41 Douin Alfred, aubergiste.	Depigny, jardinier.
Heinzer Antoine, laitier.	Meslot, emp. de chemin de fer.
43 Gourgerot Louis, gendre Lescot.	Cuvereau, ouvrier.
47 Vve Fasquet Jean.	Bassoul, ouvrier.
49 Louet Louis, gendre Pothron.	Vve Lambert.
Boulin, employé chemin de fer.	Le Bris, emp. chemin de fer.
Criand, employé chemin de fer.	14 Mercier Alexandre, épicier.
Bildant, employé chem. de fer.	Robichon Arsène.
Hardivilliers, ouvrier.	Louet Denis, cultivateur.
51 Collas Pierre, gend. Bretille.	Despigny, menuisier.
55 De Bronski G., fab. prod. chim.	Desclot Joseph, employé.
Leboeuf Victor.	Delettre Hubert.
Depetiliveux, tonnelier.	Genest Albert, ouvrier.
61 Briquet Jean.	Lehic, Alexandre, g. Pernelle.
63 Vidalencho, électricien.	16 Vatan Amédée, entr. de couver.
Foucher Eug., clerc de notaire.	18 Royer Pierre, gend. Defresne.
Deschamps Ern , clerc de not.	Guérin Alfred, fruitier.
65 Durand.	20 Devincre Henri, md. d'épicerie.
2 Charmeau Louis, coiffeur.	22 Regnard Eugène.

Salbœuf Emm., gend. Beaulieu.
24 Vve Yon François.
26 Baptiste Charles, menuisier.
Alline, men. (5, r. de Pontoise.)
Pereire, chauffeur.
28 Barré, emp. de chemin de fer.
Barré, pens. de jeunes filles.
30 Vve Puiseux Jacques.
Aubry Louis, gendre Collas.
Defresne, cultivateur.
Lesueur, cultivateur.
32 Sidoly Eugène, cultivateur.
Buteau Jean, ouvrier.
Colas Guillaume, cantonnier.
36 Vve Gentil Alexandre.
38 Briquet Mag., gend. Lhérault.
40 Tumerel Alexandre.
Tumerel fils, employé.
Fleutiaux Charles.
Florin Pierre.
Dely, employé.
Minoggio Joseph, chimiste.
Delestre, emp. à la Cie de l'Ouest.
42 Vigouroux Louis, architecte.
Debras Charles, g. Vigouroux.
44 Smolaski.
46 Magnan J. (94, Gde-Rue), van.
Lefebvre François.
Backmann, ingénieur.
Després, clerc d'huissier.
Montagnon, employé.
Laurent, employé.
Braque Alfred.
Lionais, employé des postes.
Graffinger, emp. chemin de fer.
Margot Alexandre.
Lacroix, rentier.
Chouvou Antoine.
Hœmann, rentier.
Desse, rentier.
Larue, instituteur.
48 Girardin Antoine.
50 Nevoret Benoit.
58 Hébert Edouard, employé.
60 Desjardins Albert, architecte.
62 Deboves Aug., gend. Deboves.
64 Ancelin Franç., gend. Lhérault.
66 De Bronski Georges, (55, r. de Pontoise, fab. de prod. chim.

Pontoise (boulevard de)

3 Daubourg Paul, comptable.
5 Beaufils Pierre.
7 Berthoud Louis, md de tissus.
9 De Grissac Armand, médecin.
Delorme Louis.
15 Martin Henri, jardinier.
17 Cannon, dentiste.
19 Sacleux Ch., gendre Bonnet.
21 Moreau Jean, gendre Guérin.
23 Chatelain F., chef d'institution.
Siboulet Jules.
Désireux Frédéric.
25 Trichet Lucien, huissier.
27 Delille Pierre.
2 Thierry Jules.
Biron Gabriel, médecin.
Vve Hubert.
Soulages, prof. de clarinette.
Vve Lezé.
Vve Duvé.
Niogret Jacques, chamb. meub
Vve Jules Vion, mde de vins.
Gallot, employé chem. de fer.
Beaulieu Eugène.
Maigne, emp. chem. de fer.
2 bis, Sellier Clovis.
4 Magnan Louis.
4 bis, Lacroix Claude.
6 Vve Augier Auguste.
10 Prudhomme Pierre.
12 Moulin Léon.
14 Vve Louis Foix.

14 Mlle Marie Delacour.
16 Milandre Charles, employé.
18 Chailloux Jean, g. Coquelin.
20 Vve Lesieur-Bridault.
22 Vve Antoine Coutenet.

Port (rue du)

1 Mlle Errard D., couturière.
  Guédon Pierre fils.
3 Tassel Célestin, ouvrier.
5 Edeline Ch., md plomb chasse.
  Grosbois, chaudronnier.
7 Vve Duchef, md° d'épicerie.
  Lemaître, serrurier.
  Vve Pothron.
  Vve Rouvel.
  Caron, ouvrier.
9 Vaudran, emp. chem. de fer.
  Blériot Florentin, ouvrier.
  Didier, ouv. serrurier.
  Filin fils, ouvrier.
  Jubinville, ouvrier.
  Montois, ouvrier.
  Bluteau Louis, menuisier.
  Vermuller, ouv. brodeur.
  Tardy, ouvrier.
  Languedoc, ouv. au gaz
11 Berthelot, ouv. charpentier.
  Vve Jean, dit Bruno, déb. vins.
  Blondeau, fab. de boutons.
  Guernon Louis, employé.
  Vve Véret Raymond (102, Gde-
    Rue) teinturier.
  Devillers, brodeur.
  Bruno Jean, employé.
  Brillet, garçon boulanger.
  Gilbert Zéphir, menuisier.
  Delgoma Alphonse.
13 Lutzy Alexandre, md boucher.
17 Lomer-Duché, md de vins.
  Baubron Jules, emp. ch. de fer.

19 Delalande G., cab., ent. bals p.
  Duplessis Jean, maçon.
  Raffaut Jean, maçon.
  Lariche, serrurier.
  Garreau, journalier.
21 Cornu Louis, cultivateur.
  Malterre Jean, cultivateur.
  Largillière, maçon.
23 Vve Rozée Antoine, blanchis.
  Rozée Louis, serrurier.
  Jacquet Jules, loueur voitures.
  Laroche, maçon.
  Héroux Julien, gendre Macaire,
    md d'épicerie en gros.
25 Perrot Alexandre, nég. en p. ch.
27 Vve Hornet Denis.
  Vve Hornet François.
29 Mlle Jenny Tavernier, institutr.
31 Galli Louis, fumiste.
  Boité, contremaître.
  Martin François.
  Vve Pecquet.
  Bergeron, charpentier.
  Blondeau Louis.
  Renaud, forgeron.
  Corbet Charles, menuisier.
  Février, serrurier.
  Boucher, ouvrier.
33 Piedagnel Ernest, md mercerie.
  Rousseau Anne, md° faïence.
  Alice Rousseau, md° faïence.
  Lalice, ouvrier.
  Marquis, ouv. jardinier.
  Milcent Edmond, ouvrier.
  Jouet, employé.
  Rogelet Maurice, serrurier.
  Delahorde, employé.
  Loneux, ouvrier.
35 Poly Jules, cabaretier-logeur.
37 Mlle Godefroy.
2 Vve Sauvageot, débit. liqueurs.
  Marchand Louis.

2 Guttin Clément.
Gros Alfred, chauffeur.
4 Munch Antoine, boulanger.
Chevalier Hubert, prop. cult.
6 Defresne Jean, gendre Collas.
8 Vve Bergeron, md° bimbeloterie
Alexis Baudier, logeur.
Brunel Etienne, fruitier.
Dumas Jean, perruquier.
Infray, blanchisseur.
10 Guédon Jean.
12 Eloi Hubert, md d'épicerie.
16 Abraham Th., gendre Lefèvre.
Mlle Voincher Eugénie.
20 Chéron Hippolyte, g. Lamulle.
22 Laroche Henri, maçon.
Gillet, ouvrier.
Lamothe, maçon.
Lamothe Clovis.
Lamothe Ernest.
Juffroy, charcutier.
24 Minel Jean-Baptiste.
Lejeune.
Verney Louis, tonnelier.
Letourneur, emp. ch. de fer.
26 Jacquet J., loueur de voitures.
28 Mme Baudier A., md° lingerie.
30 Dingremont Eug., gend. Collas
32 Fontaine Nicolas fils.
34 Fauvette François, md de vins.
Gruffart, emp. chem. de fer.
36 Ferry Pierre, entrep. serrurerie.
38 Yon Jacques.
40 Lepy, ouvrier.
Lérel Charles, gendre Senet.
42 Tourneville A., cabaretier-log.
Romeuf Adrien.
Dupuis Auguste.

Prunet (chemin du)

Dubourbecker Michel.
Clerc Félix.

Richy (rue de)

5 Lecomte Jean, gend. Boudin.
7 Casseux Jean.
7 bis, Casseux J., gend. Bricard.
Frisot, ouvrier.
11 Botel Eugène, menuisier.
2 Thiaut Louis, chaudronnier.
4 Pernotte Adolphe.
Latrage Emile, employé.
6 Delanoe Zéphir, fruitier.
8 Durand Pierre.
10 Victor Auguste, maçon.
12 Nicolle, employé chem. de fer.
Edeline, couvreur.
Salavialle, cantonnier.
Bourbon, maçon.
Mourette Pierre, ouvrier.
14 Braumer Martin, ouvrier.
Giraud Alexandre.
Henri Ulysse, chaudronnier.
16 Fontaine, ouvrier.
18 Marie Jules, garçon épicier.
Beneuf Edouard.
Dupont Nicolas.

Rosiers (rue des)

1 Lacroix Eugène.
Lenin, cantonnier.
3 Defresne Eugène, cultivateur.
5 Brisdoux Ernest, cultivateur.
Thieblé Henri, employé.
5 Puiseux Auguste.
9 Rime, terrassier.
11 Vve Eugène Leboucq.
13 Gentil Jules.
13 Tollé, mécanicien.
15 Defresne Denis, gend. Lendron.
17 Vve Chardonnet.
Noblet Auguste.
Champagne Louis (16, rue de l'Abbé-Fleury) md vins en g.
Leroy Alphonse, tourneur.

17 Abraham, emp. chem. de fer.
Bertin Durand, tonnelier.
Carthery, ouvrier.
Zariski, peintre.
19 Lhérault Henri, gend. Chevalier.
Vve Bourgeois.
Puiseux Emile, gend. Sandron
2 Cazet Henri, peintre.
Thibault, ouvrier.
2 bis, Monnet Denis.
4 Delachartre fils.
6 Vve Mercier.
8 Lecomte Charlemagne, cultiv.
Lavigne Henri, commis.
Delory Jules, frappeur.
Duval, journalier.
10 Charles François, terrassier.
14 Vve Levieuge.
Charles Pierre, terrassier.
16 Lescadieux Narcisse.
Gobillon, ouvrier.
Grillot, ouvrier.
18 Vve Delory, mde de fromages.
Bourgeois Etienne.
20 Vve Dubois Georges.
24 Parquet Albert, garçon magasin
Wanhuffel Hippolyte, riveur.

Sainte-Barbe (rue)

1 Huant père.
Huant Edouard fils.
Turotte.
Vve Testas.
Vve Lutzy.
Georges Lutzy.
Vve Signolle.
Denis Emile, dit « Doré », dessi.
Caillerez, journalier.
Ravaut, employé.
Ravaut fils.
Berthon, agent de police.
Ramoger, ouvrier.

1 Ragot Félix.
3 Collas Pierre, cabaretier.

Saint-Germain (rue de)

1 Saussine Alfred, md nouveautés
Saussine Emile.
Noirot, menuisier.
Lambert Joseph.
3 Eliot, entr. de peintures.
5 Hervé Georges, bourrelier.
7 Lelu Eugène, taillandier.
Vve Aimé Bluteau.
Baugin, serrurier.
Lhermitte Jean, ouvrier.
Boulardin Henri.
Vve Magnier, épicière.
9 Guédon-Tilly Jules.
11 Leflem Pierre, cultivateur.
13 Angot-Collas Louis.
Vve Pons, couturière.
Vve Rabany.
Jobard Jean-Baptiste.
Kern Pierre, ouvrier.
Mongeolle, cordonnier.
Pons Louis, ajusteur.
15 Colas Jean, coiffeur.
Abraham Théophile, cultiv.
Vve Gobert, couturière.
Schmit Jean, menuisier.
Gobillon Marie.
19 Tissier Emile, ent. peint. bât.
Caillé Emile, peintre.
Pousin Armand, emp. ch. fer.
21 Mothron Louis, rentier.
23 Finet Frédéric.
25 Gérault François, maréchal-fer.
Collas Henri, cultivateur.
Grebant Adolphe.
27 Lhérault-Defresne Denis.
29 Delacroix-Voyer Jean.
31 Gentil Jules, cultivateur.
33 Pousset Alphonse, cultivateur.

35 Fautier-Lavair Alexis, cultiv.
37 Ollivet Georges, md épic. en g.
39 Petit-Mothron Louis.
41 Richard-Mothron Emile.
    Rameau Auguste.
43 Prévost Jean-Baptiste.
45 Oudin Charles, employé.
    Oudin Eugène, md de bois.
    Lallemand Jean, md charbons.
45 *bis*, Ferry Joseph, ent. serrur.
    Coursier G., p. clerc not.
53 Vve Roussel Aug., cabaretière.
2 Coutanceau Raoul, md tabacs.
4 A. Robert et Cie, imprimeurs.
    Bardin, direct. *Journal d'Arg*.
6 Gilles Henri, entrep. de menuis.
8 Lévêque Charles.
    Viller Prosper.
    Chauvin Auguste, clerc notaire.
10 Batellier Hector, courtier de produits agric., tonnelier.
    Vve Guérin Denis.
12 Vve Flament Antoine.
    Senaget, ouvrier.
    Langevin, emp. chem. de fer.
    Duchaussoy, employé.
14 Defresne Denis, gendre Leroux.
    Vve Dangles Grégoire, md comb.
    Dangles Pierre, employé.
16 Vve Charles Lhérault.
    Couturier Arthur, blanchis. fin.
18 Vve Tilly Louis.
    Tilly Olivier fils.
20 Frenet, employé.
    Vve Gauthier.
    Aynié fils, cordonnier.
22 Koller Jules, md boucher.
    Boyeldieu, conducteur.
    Vve Antoine Koller.
    Thollet, ébéniste.
24 Regnier Claude.
    Tardu Eugène, cab.-logeur.
54 Poitrey Charles.
26 Videcoq Ernest, md épicerie.
28 Procureur Ferdinand, charcut.
30 Vve Collas Eugène.
32 Vve Angot Louis, md épicerie.
32 Scache Armand, étameur, 32.
34 Gagnon, gendre Blondis.
    Kershefer, ajusteur.
    Bonneau Jean.
    Soriculle Edouard, chaudron.
    Léger Jean, cantonnier.
36 Mathieu Joseph.
    Yvon, blanchisseur.
38 Benoit Charles, tonnelier.
40 Lefrançois, emp. minist. marine
    Gérault Léon, maréchal.
    Vasselle Jean, emballeur.
42 Gentil Denis.
44 Dubert Jean, gendre Defresne.
46 Dreux Denis.
    Briquet Joseph.
    Nolle Cyriaque.
48 Roberge Eugène, gendre Collas.
    Vve Roberge Jean.
50 Vve Lecomte Jacques.
52 Dumort Gabriel, agent d'assur.
54 Vve Hudde, propr.
56 Fautier Augustin, cultivateur.
    Epinioux, peintre.
    Letang Jules, frappeur.
60 Bresnu Calixte.
    Cie d'assurances « La Rondoux » et la « Préservatrice ».
62 Vve Brennan Edouard.
64 Roger, ancien grainetier.
66 Leplus Habeneck.
68 Jouannigot Alf., entrepos. bière
70 Forestier Jean, md épicerie.

St-Germain (vieux chemin)

    Pierre, fils, dessinateur.
    François Rode.

Lenoir, ouvrier.
Cheramy Auguste.
Laventureux Paul, journalier.
Soulery Pierre, journalier.
Terrière Grégoire.

Saints-Pères (rue des)

2 Bardot Charles, fils, ouvrier.
Jacquin Eugène.
Manière, cordonnier.
Dubois, chaudronnier.
Collas Louis, cultivateur.
Delaunay, empl. de ch. de fer.
Benoit, chaudronnier.
6 Bunel Etienne, cultivateur.
8 Sinet Pierre.
Landry Georges, charretier.

Sannois (boulevard de)

3 Delafoy.
Planzer, métreur.
2 Vve Charles Denance.
Juré Octave, cabaretier.
Rouquier, laitier.
Liné Désiré, cantonnier.
Salouet Ernest, employé.
Planzer, architecte.
Picholin, employé.
Vve Bruhot.
Delarivière Franç., garç. de b.
Samson Alex., emp. de ch. fer.
Chotard Franç., emp. ch. fer.
Provins Xavier.
6 Joly Désiré.
Pasquet, jardinier.
8 Sœurs Bernardines de la Provid.
10 Roussigné André, charron.
12 Denance Joseph, gend. Malingre.

Sannois (route de)

1 Taillandier, Alex., fab. pr. chim.
Rossignol, concierge.

3 Paturel, Jean.
5 Mercier, journalier.
Lemaire, Remy, md de broder.
Vasseur, Alfred, contremaître.
Lecoq, Victor, md de chevaux.
7 Pelé, Auguste, juge de paix.
9 Vve Dominique Lemaire.
Vary, Raoul.
Battongue, voyageur de com.
11 Fleurot, Léon.
13 Vve François Aubry.
Proust, Cél. fab. d'eau gazeuse.
15 Perret, inspecteur.
Villeneuve, R., fab. ch. et cim.
Vve François Roubin.
17 Vve Baptiste Castan.
Castan, Etienne.
19 Preti, Jean.
Godefroy, Léon, employé.
21 Vve Eugène Legros, fab. de br.
23 Briquet, Joseph.
Ducros, Ernest, mécanicien.
Jaffre, Jean, journalier.
25 Godeau, Alfred, emp. de ch. de f.
Georges, employé de ch. de fer.
Foret, Michel, emp. de ch. de f.
27 Vve Nefflier, Louis.
Arreste, Louis, ébéniste.
Budlinguer, Auguste.
Breton, employé de ch. de fer.
Despagnis, Charles.
Gouget, Camille.
Devergeot, Louis, gendre Darvais
Cunot, Léon, journalier.
Barré, employé.
Quantois, Gustave, employé.
Michiels, Augustin.
Vincent, Ernest.
Boufflette, Charles.
Carca, Eugène.
Wolf, Camille.
Messager, Casimir.

Caron, Alexandre.
Vve Gustave Croiset, mercière.
Delaroche, Antoine, cultivat.
Richer, Léon, employé d'octroi.
Mme Mareuge, Catherine.
Rivière, employé.
Crépin, Alfred, cabaretier-log.
Decœn, Charles, aubergiste.
Morpho, Louis.
Maréchal, Alexis, chauffeur.
Joly, Claude, aubergiste.
Riblet, Adrien, md de vins.
Villeneuve, R., fab. ch. et cim.
Aga, Charles, contremaître.
Vve Van Wemmel, cabar. log.
Vve Bellard, Etienne.
Decomann, Jean, cabaretier log.
Janiot.
Vve Jean Aunon.
Leleure, Joseph, cabaretier.
Vve Dhond.
Vanlesberghe, Charles, cabar.
Debacker, Cyrille, cab. logeur.
Mayeux, François, cultivateur.
Perdriat, Alphonse.
Rabourdin, contremaître.
Schwerer, chauffeur.
Société des Pl. du bas. de Paris.
Lambrech, Joseph, contremaît.
Nithart, Henri.
Gavet, Théophile.
Verecke, Désiré, cabaretier log.
Vandenborn, Pierre, cab. log.
Terrasson, Clément, laitier log.
Marcour, ouvrier.
Dictus, Adrien.
Bouveret, Emile.
Dorliat, Armand, fab. de plâtre.
Vaugon, cabaretier logeur.
Sterchx, Pierre.
Deboves, Paul, employé
Bernard, Eugène.

Bernard, Jules.
Martinelli, Dominique.
Vve Théodore Baille.
Humblot, Jean.
Mœrkerke, Jules, menuisier.
Ravet, Jules, emp. de ch. de f.
107 Hurleman, Nicolas, fabr. de br.
Kibler, blanchisseur.
Maire, Louis, restaurateur.
Piette, restaurateur.
Vve Joseph Pire.
Servi, Louis, débitant de liq.
2 Mme Léchevin, Laure.
4 Van-Eyck, Joannès.
6 Marc, Paul, cabaretier.
Olivier, charretier.
Montaigne, maçon.
Hayotte, terrassier.
Godard.
8 Rouxel, Julien, champignonnis.
10 Trinquet, Lazare, épicier.
12 Mohn, Jacques, cabaretier.
14 Jue, employé de chemin de fer.
Dubrus, Emile.
Chartrain, boulanger.
Regnard, cordonnier.
Groff, rentier.
Dornemon, plombier.
16 Guequin, emp. de chemin de f.
Dramatello, Antonin, employé.
18 Mme Schneckenburger, Ed.
20 Vve Bouttequoi.
Vve Picard.
22 Belin, md de plantes et arb.
David, employé de ch. de fer.
24 Vve Rollin, Nicolas.
28 Fradin Henri, md de charbons.
30 Villeneuve, R., fab. de ch. et cim.
34 Vve Duchemin.
36 Gayet, employé de chemin de f.
Boulouza, tailleur.
Roux, Alfred, emp de ch. de fer.

46 Saulnier, Nicolas.
Joly, Gabriel, dessinateur.
56 Laurent, Jul., gendre Coupvent.
58 Vve Alphonse Romet.
60 Vve Bance,
Vve Lacroix.
Percheron, Eugène.
62 Favre, Roger, emp. de ch. de f.
Fleury, employé.
Backe, François, chauffeur.
Desprès, employé.
Gelin, emp. de chemin de fer.
106 Duricz, Jean, restaurateur
Guatteo, Joseph, restaurateur.
Maréchal, Alexis, débit. de liq.

Sannois (Rue de)

1 Percheron Auguste, boulanger.
3 Lorin, emp. de ch. de fer.
Lehoux Louis, md beurre, œufs.
5 Vve Louis Guibert.
Pegly, employé de ch. de fer.
7 Vve Guyonniet Louis, mercière.
9 Piard-Fontaine, mercière.
Yaman Michel, cultivateur.
11 Vve Glais Jean-Baptiste.
15 Mattre Louis, laitier.
Mattre Henri, fils.
17 Doret Paul.
Jacquet (93, Gde-Rue), quinc.
Scheyer (25, r. d'Enghien), épic.
Vve Muzard.
Gibson.
Dedieu François.
Richer, employé d'octroi.
Tavernier, empl. de ch. de fer.
Moreau.
Poing, terrassier.
Tauring, ouvrier.
Ribon, peintre.
Vve Croin Charles.
Mme Dorval.

19 Gabert Emile, charcutier.
23 Defresne-Bast Gustave.
29 Lacour, gendre Letailleur.
Leput Mathurin, macon.
31 Vve Eugène Specht.
33 Boucher Louis, gendre Blondis.
Boucher Louis, gendre Jérôme.
35 Vve Charles Gobert, fruitier.
37 Roch, charretier.
Morel, bijoutier.
Marguerie Arthur, empl. de ch.
Rassinet Casimir.
Deutchler, brodeur.
Hansler Jean, brodeur.
Coulon, rentier.
Boileau, employé.
39 Piret Emile.
Charles, brodeur.
Bouchaud, empl. de ch. de fer.
Pinson, empl. de chemin de fer.
Darien, cultivateur.
41 Caboche, employé.
Develay Etienne.
Quinseloy, brodeur.
Greviller, empl. de chem. de fer.
Coze, empl. de chemin de fer.
Clare, employé de régie.
Lacomme, empl. de ch. de fer.
Richard, empl. des contr. ind.
Scheffmacher, brodeur.
Gauthey François, ouvrier.
Vve Huguenaud.
Aumasson, ouvrier.
Chatelain Prosper, employé.
43 Lefaix Aristide, md d'épicerie.
45 Tartarin Auguste, g. Gourgeret.
4 Jérôme, rentier.
Mlle Huguenaud, teint.-dégrais.
Anchoix Philidor, coutur. à faç.
6 Lehoux, ouvrier.
Lécuyer Louis, journalier.
Vve Enfroy Louis, md beurre.

Vve Jobert, rentière.
8 Duval Louis, gendre Guérin
12 Cayot Edmond, md charbons.
Gosset Honoré, ouvrier.
Gosset Eugène, ajusteur.
Beauvais, employé de ch. fer.
François Jean, déb. de vins.
14 Ponsard, ouvrier.
Gauthier Auguste, chef d'équipe.
Vve Bonavy, emp. de la gare.
Vve Lagrée.
Préchoux, emp. de chem. fer.
Grenier, ouvrier.
Messe, emp. de chemin de fer.
16 Girardin Eugène, cultivateur.
18 Vve Louis Guérin.
Prévost Aug., bouil. d'eau-de-v.
20 Piat Louis, ouvrier.
Egline, maçon.
Pottier, menuisier.
22 Quesnel Gabriel, employé.
Lanery, empl. de ch. de fer.
26 Delardière, employé.
Gauthier, ouvrier.
28 Gouyer, maréchal-ferrant.
Vve Désiré Brossard.
Stheler, chapelier.
Lucas, ouvrier.
Vve Rolland.
Vallet, ouvrier.
40 Hugentobler, fab. de broderies.

Sartrouville (route de)

Picardet, restaurateur.
Rollé, débitant de liqueurs.
Sénéchal, laitier.

Sartrouville (rue)

9 Valette, employé.
Bourcau Baptiste, employé.
Garry Edouard.
Albertini, employé.

15 Mme Mesnage Adèle.
Visto Jules, employé.
23 Lachenal Félix, ingénieur.
23 bis Souchon Hyacinthe.
25 Lemistre Edme.
27 Dietz Charles.
31 Girardin Eugène, maître brod.
37 Cardon Léon, mécanicien.
Mlle Trelluyer.
47 Harranger Ernest.
57 Malvin Emile, emp. de ch. fer.
Doubleau Paul.
Rossignol Henri.
Forget, cultivateur.
Derudder Alphonse, cordonnier.
Dreville, empl. au caoutchouc.
Lerouge, ouvrier.
Vve Augustin Pichot.
Vve Alexandre Morel.
Vve Eulalie Rime, du Colombier.
Morel Henri, fab. de caoutchouc.
De la Mathe Gaston, f. caoutch.
Grenet Ernest, contre-maître.
Briquet, menuisier.
Garcelon Isidore.
Mme Lévy.
Vve Poulain.
Dumont, ouvrier.
2 Metton Augustin.
Herpin, ouvrier.
4 Boivin Augustin, voyageur.
6 Leveau Paul, entr. de bâtim.
8 Moësle.
10 Poitrey Jean, fab. d'eaux gaz.
16 Esmez Alexandre, comptable.
16 bis Batton Léo.
16 ter Gaudel Marie.
Couturier Eloi.
20 Stieglitz Gaspard.
22 Dhiver Armand.
24 Vve Prud'homme, blanchiss.
Nais Mathurin, terrassier.

24 Thibault-Prudhomme Eugène.
26 Tardif Léonard.
28 Gauthier Célestin.
32 Gourdon Auguste.
    Belain Alfred, dessinateur.
    Jauffret Jean, md de vins.
34 Hardy Victor.
    Duvivier Alphonse, employé.
36 Brait de la Matte Gaston.
    Vve Brait de la Matte.
38 Mme Berquet Pauline, f. Chartier
40 Delinger Michel.
    Vve Rouge.
    Bertin Félix, fab. de chaudr.
    Vve Bertin Jean.
42 Vve Guérard.
46 Desmoulin Eugène.
48 Egler Samuel.
    Lemaire Charles, ouvrier.
52 Ostyn François.
56 Quillet Paul.
    Leplat Eugène.
58 Alezine Pierre.
60 Mennecier Paul.
62 Blier Gustave, employé.
    Fougerat, empl. de chem fer.
    Gaudron, journalier.
    Debelley, ouvrier.
    Oudailles Charles, chauffeur.
    Vve Potil.
    Petididier, peintre.
    Ferain Jules, empl. de ch. fer.
    Guenau Frédéric, ouvrier.
    Mancheval, contre-maître.
    Genty Constant, empl. ch. fer.
    Laplaud Léonard.
    Leporte Auguste, employé.
    Le Magouron, Gabriel.
    Cassitanin, docteur.
    Rouy Eugène.
    Vve Bécherelle.
    Nivelle.

Dupont.
Vve François Royer.
Mme Lecomte.
Grivelet Auguste.
Dupuis Jean-Baptiste, maçon.
Morel Victor, ouvrier.
Perrichon Auguste.
Alagnier Pierre.
Mlle Vigier, couturière.
Debuchopp Jovito, dit « Louis ».
Abadié Frédéric.
Mme Capitaine.
Lallemand Jean-Baptiste.
Vigier Henri.
Mlle Chenal, ouvrière.
Defourmental, fils Frity.
Joséphine Levasseur.
Jamot Joseph.
Boniface Armand, cultivateur.
Barberot Claude.
Horteloup Félix.
Bauchet Firmin.
Bourgeois Jean.
Hyeulle François.
Franchaut Alexandre.
Médaille.
Vve Eugène Wouters.
Baudard Georges, employé.
Berty Arthur.
Secula Baptiste, peintre.
Médard Etienne.
Maxin Eugène.
Mme Moncharmont.
Dorlin, artiste peintre.
Thibault Louis.
Bochet.
Deriveau Eugène fils.
Esnault Arsène, jardinier.
Soulier Auguste.
Goudson, employé.
Schwing Michel.
Staub Albert.

Leray Jules, chaudronnier.
Leseine Charles, chaudronnier.
Lemesle Jacques.
Aubert Jean.
Leray Jules, cocher.
Valeton Félix, maçon.
Durbeille Auguste.
Sénéchal Edouard.
Vve Henry Claude.
Duchesne fils, employé.
Hollenstein, fabr. de broderie.
Robert, ouvrier.
Schmidt.
Bouchy, cabaretier.
Boyer, cabaretier.
Vve Lazare Comte, cabaretière.
Defrenet Antoine, maître-maç.
Henry, bouilleur d'eau-de-vie.
Jean, dit « Bruno » (3, Gde-Rue).
Cocrel, débitant d'eau-de-vie.

Seine (rue de)

1 Fautier Michel, cultivateur.
1 bis Cadet Charles, médecin.
3 Vve Motteni Pierre.
9 Gentil Jules, gendre Alline.
  Boudeville Léopold, cultivat.
11 Drome Théophile.
  Denance Prosper, commis.
13 Vve Boucher Charles.
12 Delacroix Louis, gendre Collas.
  Daveau Denis.
  Vve Delacroix Louis.
  Lauret Honoré, rentier.
  Subert Onésime, md de vins.
14 Choisy Joseph, employé.

Soulzard (rue)

Morel, garde-barrière.

Thiers (boulevard)

3 Vve Cheradame.

5 Vve Flament Adonis, ent. de m.
  Lecomte Louis.
7 Brinquier Joseph, ingénieur.
9 Knœpfell Arnold.
11 Gougelet, fils, ingénieur.
  Gougelet Charles.
15 Vve Pierre Boursier.
  Vve Brissaud.
17 Vatrin Charles, cafetier.
  Watelle Hector, employé.
  Larose Aristide, employé.
  Sellier Paul, employé.
  Vve Testelin, rentière.
  Courtaut, comptable.
  Jousserandot Isidore.
  Faillet Ambroise.
  Vve Bétry.
  Ladouce Joseph, employé.
  Cartier Gustave.
  Gibert, empl. de chem. de fer.
  Tisserandet Emmanuel.
  Fillet Eugène, employé.
  Pagès Louis, employé.
  Leclerc Joseph.
19 Vve Trutet.
21 Pentecôte Aimée.
23 Vallée Louis, md de vins.
  Vallée Louis-Adolphe.
2 Guillot Paul.
  Wagner Michel.
4 Bétry Henri, maître d'hôt. garni.
  Masclaud, employé de régie.
  Zust Ferdinand, brodeur.

Tour-Billy (rue de la)

51 Brisdoux Laurent.
  Brisdoux Zéphir, fils
55 Cotentince, terrassier.
  Coulon Léon, plombier.
  Toutain, journalier.
  Pachot, ouvrier.
57 Rouget, terrassier.

57 Pascal, contre-maître.
69 Desrez Delphin.
   Bignant Eugène.
71 Bénistand Léon, imprimeur.
   Gabet, comptable.
   Roussel Léon, tail. de pierres.
   Denis Gustave, ouvrier.
   Chane Auguste, forgeron.
99 Boucher Antoine, g. Durussel.
   Hénault Robert.
   Besnard Emile.
   Fouace Alphonse.
   Vve Gaspard Vaudelin.
6 Biron.
8 Grasse Nicolas, entr. de maç.
10 Lemaire Charles.
   Durand, employé
12 Boucher Julien, mécanicien.
   Meyland, empl. de ch. de fer.
   Joly, journalier.
   Laslier, employé de ch. de fer.
   Tessier Annet.
32 Vve Pierre Girard.
   Toupé, empl. de chemin de fer.
   Mirbelle Ernest (60, bd Héloïse).
   Tessier Annet, menuisier.
   Darenne Anatole, menuisier.
34 Pinault Joseph.
36 Voglin Emile, boul. (G de-R. 18)
52 Martin Denis.
   Mme Léopold Samson.

Tour-Billy (lieudit)
Guyot Léon.

Traverse (rue de)
3 Muller, brodeur.
7 Aubert Emile, notaire.
9 Petit facteur.
   Lallemand Albert (ch. halage).
   Dupuis, maçon.
   Guibert Pierre, cultivateur.

9 Vve Bataille.
   Perroux Georges, blanchisseur.
11 Vve Charles Souhaité.
13 Vve Delbecq, mde d'épicerie.
   Stéquaire Joseph, boulanger.
15 Vve Noblet Denis.
17 Millet Louis, gendre Collas.
19 Cartier Jules, ouvrier.
21 Juge, employé chem. de fer.
   Vve Barbarin.
   Vve Colombert.
23 Roy Alexandre, gend. Lemoine.
25 Lamotte Louis, grainetier.
27 Vve Vérité.
   Caplet Henri, brodeur.
2 Fournier Eugène, employé.
   Chavineau, gendre Autier.
   Mlle Barbarin Hort., couturière.
4 Vve Goupil François.
   Mlle Bresson, couturière.
6 Collas, gendre Deboves.
8 Guy, facteur.
   Aubry Louis, cantonnier.
   Léger Auguste.
   Linoir, ouvrier maçon.
10 Vve Roy.
12 Chevalier Edmond, cultivateur.
14 Briquet Louis, cultivateur.
16 Guibert Louis, g. Lemoine.
18 Ledoux Gustave, emp. ch. fer.
   Yon Louis, gendre Monnot.
20 Chailloux Louis, g. Chailloux.
22 Chevalier Alex., gend. Lescot.
24 Vve Chevalier Louis.
26 Vve Lescot Jean.
   Maltête, employé de ch. de fer.
   Legesser, employé de ch. fer.
   Giraud, caissier.
   Raboule, bijoutier.
28 Lamulle Jean, md forain.
   Lecombe L., g. Rollay, bon.

58 Lamulle Pierre.
　Ebneter, brodeur.

Treillis (Chemin neuf du)
Vve Bernard.
Rousseau Jean-Marie.
Léveille Firmin, chef de chant.
Laurent Edme, imprimeur.
Benech, tôlier.
Vatel Jules, empl. de ch. de fer.

Triage (Gare du)
La Cie des ch. de fer de l'Ouest.
Philippe, chef de gare
Chiquet, aiguilleur-chef.
Rolland, concierge.

Tronc (Rue du)
Mollet J.-B., gendre Tartarin.
Mollet Ferdinand.
Hermans, chapelier.
Alder Jean, brodeur.
Berne Eugène, zingueur.
Hénault Auguste, tailleur.
Leclerc Eugène.
Leroy Edmond.
Rousselet Ernest.
Schammel Charles.

Troupeau (Chemin du)
Vve Guénard.
Buzard Arthur.
Troemé.
Massard Nicolas.
Yvain Eugène.
Barbel Pierre, rentier.

Trouvée (Rue)
Auzat Henri, fumiste.
Chopin Arthur, fab. de broder.
Wetmer Joseph, fab. de broder.

Truet (rue)
1 Dubois Victor, fabr. de brod.

5 Joly, chaudronnier.
7 André, ajusteur.
13 Fouard Alphonse.
　Retzignac Charles.
　Couandant, journalier.
　Tsvenck, brodeur.
　Bodeman, dessinateur.
　Merve, empl. de chem. de fer.
　Vergne Martial, employé.
　Vaudran Pierre.
　Guay Hippolyte, fabr. de brod.
　Kriemler Jacques, fabr. brod.
　Ginure Nicolas, fabr. de brod.
2 Vve Alker.
6 Vve Gaudon.
12 Bourderye Eugène, rentier.

Val-Notre-Dame
Himpe Jean, tailleur.
Courvoux Alphonse.
Boulanger Louis, contremaître.
Boulanger Philippe.
Dubray Florent.
Rageot Pierre, emp. ch. de fer.
Claire Antoine.
Vve Hennequin.
Vve Tytgat Constant.
Letemple Charles.
Coudrain Charles, chaudron.
Holvelts Charles.
Lavoine Adolphe.
Vve Alfred Carlinot.
Denis, ouvrier mécanicien.
Jozien Louis, cantonnier.
Longère, ouvrier pâtissier.
Saisit Henri.
De Ronne Félix, employé.
Maxin Firmin, cantonnier.
Leblanc Léon.
Vve Sabourin.
Girardot Jean-Baptiste.
Pageon Henri, emp. ch. de fer.

Martin Eloa.
Panthenet Auguste.
Tricoteau, naturaliste.
Magnier Gustave, brodeur.
Guénard Marie, couturière.
Vve Desmolle.
Morel Constant, cabaretier.
Moriceau, maître d'hôtel garni.

Vauginard (rue de)

Fauveau Charles.
Nicot Auguste, menuisier.
Mme Hougton.
Fondriat Narcisse.
Maret, employé chem de fer.
Godefroy, employé ch. de fer.
Miochet, employé ch. de fer.
Fondriat Eugène.
Loiseau, employé chem. de fer.
Dromet Philippe.
Hervet, employé chem. de fer.
Sébène Jean-Marie, bijoutier.
Chilhéric, emp. ch. de fer.
Isambert Jules, voyag. de com.
Brefort, employé au télégraphe.
Barbier, emp. de ch. de fer.
Guerry, chef d'équipe chem. fer.
Neveu, conducteur.
Chanouet, Eugène.
Chédotal, employé ch. de fer.
Raimbault, Louis, jardinier.
Martin Henri, blanchisseur.

Vauxelles (lieudit)

Société des plâtrières du bassin de Paris.
Desmaret Auguste, restaurateur.
Theurier François, restaurateur.

Verte (rue)

3 Caron, garçon boulanger.
 Mlle Simetière.

3 Langignard, porteur de pain.
 Thomas, garçon boulanger.
 Lebrier, ouvrier.
5 Vve Joseph Filin.
 Mutin Jules, employé.
 Just Pierre, employé.
8 Vve Pruvost Charles.

Vigneronde (chemin de)

Chuffart Alphonse.
Chuffart fils.

Voie-des-Bancs

1 Guillaume, Lucien, teinturier.
 Thomann, Ch. fabr. de couleurs.
5 Mlle Teisseidre, Marie, cabar.
 Feuillant, Emile, contremaître.
7 Carhuel, Joseph, cabaretier.
 Calmont, employé.
9 Aureau, rentier.
11 Mestivier, pharmacien.
 Badiou, Pierre, cabaretier.
 Jacob, Henri (route d'Enghien).
15 Hotier, employé.
 Mme Meyess.
 Vve Marie Pagès.
 Tessèdre, père.
17 Jolibois, Alfred.
21 Imbeau, Auguste.
 Imbeau, Georges.
25 Vve Abel Leroux.
27 Lelièvre, Charles.
29 Alker, Auguste.
31 Vve Chatelain.
33 Guibal, Maurice.
39 Solignac, Louis.
 Egger, Jean, laitier.
 Lapôtre, Léopold.
2 Gauthier, Edouard, cabaretier.
 Lebrun, Jacques.
4 Lemosquet.
 Imbault, ouvrier.

6 Debenne, Gustave, cabaretier.
Fauquet, Ferdinand, emp. ch. f.
8 La Cie des levures et alc. de gr.
Schmidt, dir. de l'usine.
16 Jarry, Michel.

Voie-des-Buttes (rue de la)
Deutschler, Charles, f. de brod.

Zacharie (rue)
1 Crosnier Isidore fils, g. Leroux.

IMPRESSIONS TYPOGRAPHIQUES
COMMERCIALES & ADMINISTRATIVES

IMPRIMERIE
A. ROBERT & Cie
4, Rue de Saint-Germain, 4
ARGENTEUIL

AFFICHES DE TOUS FORMATS
IMPRIMÉES
En noir ou en couleur

Livres, Brochures, Journaux
PROSPECTUS -- PROGRAMMES
CIRCULAIRES
Tarifs et Prix-Courants
EN-TÊTES DE LETTRES ET DE FACTURES
CARTES D'ADRESSE
CARTES DE VISITE EN TOUS GENRES
MENUS
Avis de Naissances, Avis de mariages
BILLETS DE DÉCÈS ET LETTRES DE FAIRE PART

PETIT INDEX PAR PROFESSIONS

AFFICHEUR
Clérambourg, rue des Rosiers.

AGENT D'AFFAIRES
Burguière, rue de Pontoise, 37.

ARCHITECTES
Defresne, avenue de la Gare, 25.
Desbois, rue Nationale, 16.
Girardin, rue Notre-Dame, 8.
Masson et Raibaud, r. de Diane.
Miné, avenue Maria, 14.
Vigouroux, rue de Pontoise, 42.

ARMURIER
Isaac, Grande-Rue.

ASSURANCES (AGENTS D')
Bresnu, rue de St-Germain, 60.
Dumort, rue de St-Germain, 52.

BAINS PUBLICS
Bateaux-lavoirs, quai de Seine.
Vaucelles, rue de l'Hôtel-Dieu, 35

BALS ET FÊTES (ENTREPR. DE)
Delalande, rue du Port, 19.
Lemaître, boulevard Héloïse, 62.

BANDAGISTE
Defresne, Grande-Rue, 31.

BANQUE ET ESCOMPTE
Ethis, boulevard Héloïse, 90.
Guffroy de Rosemont, rue de Paradis, 10.
Marlé et Bélier, Grande-Rue, 80.

BATEAUX (CONSTRUCTEURS DE)
Bertin, quai de Seine.
Claparède, quai de Seine.

BEURRE, FROMAGES, OEUFS
Delory (Vve), rue des Rosiers, 13.
Enfroy, rue de Sannois, 6.
Gohier, Grande-Rue, 21.

BIÈRES (ENTREPOSITAIRES)
Coutelet, rue du Pérouzet.
Derivière, villa Marly.
Dutrieux, rue Nationale, 25.
Jouannigot, rue de St-Germain, 68

BOIS ET CHARBONS A BRULER
Ancelin, Grande-Rue, 11.
Bresson (Vve), r. Pierre-Guienne, 8
Conchon, Grande-Rue, 91.
Damougeot, Grande-Rue, 26.
Dangles (Vve), r. de St-Germain, 14
Fradin, route de Sannois, 28.
Lallemand, r. de St-Germain, 45.
Noailles, rue de Pontoise, 8.
Pion, rue de la Liberté, 21.

BOIS DE CONSTRUCTION
Oudin, rue de St-Germain, 45.
Porte, route de Bezons, 88.
Renault, route de Bezons, 65.

BOUCHERIES
Billiat, rue d'Enghien, 8.
Blou, Grande-Rue, 20.
Daverdin, Grande-Rue, 53.
Garochau, Grande-Rue, 76.

Girardin, Grande-Rue, 126.
Koller, rue de St-Germain, 22.
Liout, rue de Pontoise, 11.
Lutzy, rue du Port, 13.
Ménard (Vve), r. de la Chaussée, 24.
Sentier, Grande-Rue, 73.

BOUCHERIE DE CHEVAL

Langlois, Grande-Rue, 46.

BOULANGERIES

Calivoda, rue de la Chaussée, 32.
Lebreton, Grande-Rue, 79.
Percheron, rue de Sannois, 1.
Poisson, rue Nationale, 31.
Prévost, Grande-Rue, 23.
Rabillon, Grande-Rue, 23.
Stéquaire, rue de Traverse, 13
Voglin, Grande-Rue, 118.

BOUILLEUR D'EAUX-DE-VIE

Lefèvre Noël, chemin de Félifeu.

BROCANTEURS

Chambefort, rue de la Chaussée, 8.
Lemaître, avenue de la Gare, 23.
Morin, rue Ary-Schefer, 5.

BRODERIES (FABRIQUE DE)

Hollenstein, rue de Sartrouville.
Hugentobler, rue de Sannois, 40.
Kriemler, rue du Truet.
Lemaire, rue de Sannois, 5.
Vigneron, rue de l'Avalloir.

BROSSERIE (ARTICLES DE)

Atelier d'aveugles rue de St-Germain, 78.

CAFÉS-ESTAMINETS

Bétry, boulevard Thiers, 4.
Foy (café de), Grande-Rue, 65.

Petitfourt, Grande-Rue, 116.
Piret fils, place de la Gare.
Vallée, boulevard Thiers, 23.
Vatrin, boulevard Thiers, 17.

CAOUTCHOUC (FABRIQUE DE)

Morel, route de Sartrouville.

CARTONNERIE

Gillet, quai de Seine.

CHAMPIGNONNISTE

Rouxel, route de Sannois, 8.

CHAPELIERS

Kolb (Vve), Grande-Rue, 38.
Perrin, Grande-Rue, 81.
Saillard, Grande-Rue, 105.

CHARCUTIERS

Antoni, rue de la Chaussée, 25.
Cornet, Grande-Rue, 45.
Gaboriau, Grande-Rue, 101.
Lévêque, r. Carême-Prenant, 39.
Procureur, rue de St-Germain, 28.
Vast, Grande-Rue, 85.

CHARPENTES (ENTREP. DE)

Lafuste, rue Nationale, 20.
Persidat, route de Cormeilles.

CHARRONS

Paquis, rue du Calais, 8.
Roussigné, boul. de Sannois, 10.

CHAUDRONNERIE (CONSTRUC. DE)

Deriveau, rue de Sartrouville.
Gauthier, rue de la Chaussée, 28.

CHAUSSURES-CORDONNERIES

Aynié, rue de St-Germain, 20.
Cirgoudoux, Grande-Rue, 19.

Deschamps (Vve) Grande-Rue, 76.
Dorient, Grande-Rue, 19.
Flury, Grande-Rue, 7.
Ricard, Grande-Rue, 113.
Taphanel (Vve), Gde-Rue, 1.
Touzelin, Grande-Rue, 94.

CHEVAUX (MARCHAND DE)
Lecoq, route de Sannois, 5.

CIDRE (BRASSERIES DE)
Lavallée, route de Bezons.
Talitte, Grande-Rue, 48.

CLARINETTE (PROFESSEUR DE)
Soulages, boulevard Pontoise, 2.

COIFFEURS
Charmeau, Grande-Rue, 100.
Colas, rue de St-Germain, 15.
Dumont, rue de la Liberté, 30.
Hornet, rue de la Chaussée, 26.
Jacob, Grande-Rue, 124.

CONFISERIE-BONBONS
Dubreuil, Grande-Rue, 91.

CONSTRUCTIONS EN FER
Baudet, Donon et Cie, r. de la Gare.
Nouguier et Keisler, r. de Brault, 1.

CORDERIE INDUSTRIELLE
Brunot, Grande-Rue, 3.

COULEURS
Bray, Grande-Rue, 62.
Lépinet, Grande-Rue, 54.

COURONNES MORTUAIRES
Tarel, Grande-Rue, 35.

COUVERTURE ET PLOMBERIE
Déguines, rue de Calais, 8.
Garcelon, Grande-Rue, 50.
Huet, rue de la Chaussée, 7.

Morin, rue Gaillon, 5
Pigny, rue Carême-Prenant, 14.
Vatan, rue de Pontoise, 16.

CUIRS ET CRÉPINS
Raison, Grande-Rue, 52.

DÉMÉNAGEMENTS
Dardé, Grande-Rue, 68.
Denance, rue de Pontoise, 25.

DENTISTES
Blanc-Davesne, avenue Maria, 6.
Cannon, boulevard Pontoise, 17.
Lassue, Grande-Rue, 120

DISTILLERIES
Cie Générale des Levures, v. d. Bancs.
Girardin, Grande-Rue, 42.

DROGUISTE
Bray, Grande-Rue, 62.

EAUX GAZEUSES (FABRIQUES D')
Guénin, rue de l'Hôtel-Dieu, 4.
Proust, route de Sannois, 13.

ÉBÉNISTES
Bétis, Grande-Rue, 75.
Martinet, place de l'Eglise, 3.
Viller, Grande-Rue, 83.

ÉLECTRIQUES (APPAREILS)
Forestier, rue de la Chaussée, 25.
Vidalenche, rue de Pontoise, 63.

ÉPICERIES EN GROS
Lamulle, rue de l'Hôtel-Dieu.
Ollivet, rue de Saint-Germain.
Perrot, rue du Port.

ÉPICERIES
Calvez, rue des Gobelins, 16.
Chastin, Grande-Rue, 124.
Darces, rue d'Enghien, 9.

Delau (Vve), r. de l'Abbé-Fleury, 2.
Duchef (Vve), rue du Port, 7.
Durand, Grande-Rue, 80.
Jacquemont, rue de Diane. 1.
Leguay, rue des Ouches, 36.
Popot, rue de Calais, 1.
Sadron (Vve), Grande-Rue, 27.
Samson, Grande-Rue, 39.
Scheyer, rue d'Enghien, 25.
Tétard, rue de la Chaussée, 18.
Videcoq, rue Saint-Germain, 26.
Vincent, Grande-Rue, 15.

ESCRIME (PROFESSEUR D')

Lenne, Grande-Rue, 42

ÉTAMEURS

Coignard, rue de l'Hôtel-Dieu, 25.
Scache, rue de St-Germain, 32.

FAIENCE ET VERRERIE

Lacroix, Grande-Rue, 92.
Rousseau, rue du Port, 33.

FLEURISTES-HORTICULTEURS

Belin, route de Sannois, 22.
Caron Gédéon, rue des Epinettes.
Cureau, Grande-Rue, 38.
Damien, rue Bicheret, 6.
Hic, avenue de la Gare, 42.
Lefranc, avenue Maria, 12.
Lelièvre, chemin de l'Eglise.
Martin, boulevard de Pontoise, 15.
Traisnel, rue de Paradis, 18.

FUMISTERIE (ENTREPRENEURS DE)

Auzat, Grande-Rue, 78.
Galli, rue du Port, 31.

GÉOMÈTRES-ARPENTEURS

Desjardins, rue de Pontoise, 60.
Miné, avenue Maria.

GRAINIER

Bruyant-Vallant, r. de Pontoise, 1.

GRAINS ET FOURRAGES

Collas, rue de la Liberté, 26.
Denance, Grande-Rue, 102.
Labrierre, rue Nationale, 22.
Lamotte, rue de Traverse, 25.

GYMNASTIQUE (PROFESSEUR DE)

Tschieret, rue de Brault, 4.

HERBORISTES

Bray, Grande-Rue, 62.
Lassue, Grande-Rue, 120.

HORLOGERS-BIJOUTIERS

Dupressoir, Grande-Rue, 12.
Fesche, Grande-Rue, 71.
Hallard, Grande-Rue, 124.
Hamon, Grande-Rue, 3.

HOTEL MEUBLÉS

Betry, boulevard Thiers, 4.
Girardin, route de Bezons, 72.
Pigny, rue d'Enghien, 25.
Séguy (Vve), rue Laugier, 15.
Tardu, rue de St-Germain, 24.

HUISSIERS

Boislaigue, Grande-Rue, 39.
Trichet, boulevard de Pontoise, 25.

IMPRIMERIES TYPOGRAPHIQUES

A. Robert et Cie, r. St-Germain, 4.
Worms, rue de la Chaussée, 1.

INGÉNIEURS

Gougelet, boulevard Thiers, 11.
Saillard, rue de Paradis, 19.

JOUETS ET BIMBELOTTERIE

Bazar (le grand), place de l'Eglise.
Masson, Grande-Rue, 122.

LAITIERS NOURRISSEURS
Egger, r. de la Voie-des-Bancs, 39.
Heinzer, rue de Pontoise, 41.
Maître, rue de Sannois, 15.
Manhès, au Marais.
Perthus, rue de Paradis, 18 bis.
Peyrolle, route de Bezons, 103 bis.
Rocher, rue Notre-Dame, 29
Rouquier, boulevard Sannois, 2.

LIBRAIRIES. PAPETERIES. JOURNAUX
Baudet, Grande-Rue, 94.
Bibliothèque de la Gare de l'Ouest.
Bontemps, Grande-Rue, 126.
Charbonnier, r. de la Chaussée, 26.
Gaillardot, Grande-Rue.
Ponsard, rue Carême-Prenant, 32.

MAÇONNERIE (ENTREPRENEURS DE)
Caillé, ruelle de l'Eglise, 9.
Chuffart, rue Carnot.
Deluchat, avenue de la Gare, 28.
Grasso, rue de la Tour-Billy, 8.
Mirbelle, boulevard Héloïse, 62.
Pantoux, rue de Paradis, 23.
Roucamp, route de Cormeilles.

MALLES (FABRIQUE DE)
Lemaître, au Marais.

MARBRIERS. MONUMENTS FUNÈBRES
Dauvergne, rue de Calais.
Flammarion, rue de Calais.
Ganneron, rue de Calais.
Noyal, rue Ernestine.
Trompette, rue de Calais.

MARÉCHAUX-FERRANT
Eyraud, Grande-Rue, 67.
Gérault, rue de Saint-Germain, 25.

MÉCANICIENS
Boucher, rue de la Tour-Billy, 12.
Mongin frères, r. de la Liberté, 9.
Mongin Paul, rue du Pérouzet.

MÉDECINS (DOCTEURS)
Biron, rue de la Tour-Billy, 2.
Cadet, rue de Seine, 1 bis.
Grissac (Jeudi de), b. Pontoise, 9.
Prach-Logoyt, avenue de la Gare.
Toussaint (E.), rue d'Enghien, 7.

MENUISERIE (ENTREPRENEURS DE)
Alline, rue de Pontoise, 5.
Beaucamp, rue Carême-Prenant, 16.
Clochez, rue centrale, 14.
Gilles, rue de Saint-Germain, 6.
Nicot, rue de Vauginard, 6.
Noyal, rue de Calais, 13.
Soriot (Vve), rue d'Enghien, 6.

MERCERIE-LINGERIE
Damois, Grande-Rue, 98.
Houssin, Grande-Rue, 13.
Kœnig, Grande-Rue, 95.
Ponsard, rue Carême-Prenant, 32.
Pierron (Dlle), Grande-Rue, 24.

MODES
Martinet (Dlle), place de l'Eglise.
Rodrigue (Dlle), Grande-Rue, 13.

MUSIQUE (PROFESSEUR DE)
Prévet, rue de l'Hôtel-Dieu, 35.

NOTAIRES.
Aubert, rue de Traverse, 7.
Boutfol, rue Gaillon.

NOUVEAUTÉS
Baziro, Grande-Rue, 17.
Blin, Grande-Rue, 2.
Lamulle, rue de Traverse, 28.
Ozon, Grande-Rue, 50
Renard, Grande-Rue, 75.
Deveri, rue de Saint-Germain, 1.

ORCHIDÉES
Piret père, boulevard Sannois, 5.

PAPIERS INDUSTRIELS
Sté des pap. phot., r. Levêque, 2.

PARAPLUIES ET CANNES
Chadirac, Grande-Rue, 105.

PARFUMERIE.
Caubrière et Cie, rue Lévêque, 5.

PATISSIERS.
Dubois, Grande-Rue, 98.
Louis, rue de Pontoise, 1.

PEINTURES ET VITRERIE
Eliet, rue de Saint-Germain, 3.
Girod, Grande-Rue, 9.
Petit, Grande-Rue, 87.
Tissier, rue de Saint-Germain, 19.

PENSIONS ET EXTERNATS DE GARÇONS
Brazeau, rue de l'Abbé-Fleury, 11.
Frères (Inst. des) rue de la Liberté, 5
Sellier, boulevard de Pontoise, 23.

PENSIONS ET EXTERNATS DE JEUNES FILLES.
Achet-Finet (Mme) r. de Pontoise.
Barré (Mme), rue de Pontoise.
Sainte-Enfance, rue de la Liberté,
Tavernier (Mlle), rue du Port, 29.

PHARMACIENS.
Baracan, Grande-Rue, 80.
Dumilâtre, Grande-Rue, 54.
Feuillée, rue Carême-Prenant, 36.
Pouillard, Grande-Rue, 131.

PHOTOGRAPHE.
Valkman, rue de Calais, 31.

PLATRES ET CIMENTS (FABRIQUE DE).
Eve, route d'Enghien.
Morin, route d'Enghien.
Sté des plâtr. lieudit Vauxelles.

Villeneuve, route de Sannois, 15.

PIANOS (ACCORD ET RÉPARATIONS)
Pestrelle, rue de Diane, 28.

PIANO (PROFESSEUR DE)
Saussay (Mlle), r. de la Chaussée, 27.

POISSONNERIE
Bouveret (Elisée), Grande-Rue, 57.
Coussinet, Grande-Rue.
Delin, Grande-Rue, 77.

POMMES A CIDRE
Leblond, rue de Calais, 20.

POMPES (CONSTRUC. ET RÉPAR. DE)
Boucher, rue de la Tour-Billy, 12.

PRODUITS CHIMIQUES
Bronski (de), r. Fort-de-Cormeilles.
Clostre, rue des Buttes.
Delcourt et Martin, ch. de la Noue
Ollivet, rue de St-Germain, 37.
Perrot, rue du Port, 25.
Taillandier, route de Sannois, 1.
Tincq, rue Nationale, 6.

QUINCAILLERIE
Jacquet, Grande-Rue, 93.

RECEVEURS DE RENTES
Brouchot, rue Lévêque, 1.
Gaudel f^s, r. de Sartrouville, 16 ter
Ledru, rue d'Enghien.

RELIEURS
Bontemps, Grande-Rue, 126.
Pannetier, rue Carême-Prenant, 19.

RESTAURANTS
Bertrand, boulevard Héloïse, 40.
Bétry-Leguay, boulev. Thiers, 4
Brouard, boulev. Héloïse, 26.
Krenier, route d'Enghien.

Lemoine, Grande-Rue, 133.
Leroux, boulevard Héloïse, 30.
Monnier, route d'Enghien.
Moriceau, Val-Notre-Dame.
Noblet, Grande-Rue, 60.
Roche, boulevard Héloïse, 36.

ROTISSERIE
Gossent, Grande-Rue, 110.

SAGES-FEMMES
Cussac (Vve), Grande-Rue, 126.
Girardot (Dlle), rue Abbé-Fleury.
Grégy (Dame), rue de Pontoise, 2.
Jacquot (Dlle) Grande-Rue, 79.
Mayor (Vve), rue Carnot.

SELLIERS-HARNACHEURS
Bouvot, Grande-Rue, 104.
Devaux, Grande-Rue, 53.
Hervé, rue de St-Germain, 5.
Lépicier, Grande-Rue, 16.
Louet, avenue de la Gare, 43.

SERRURERIE (ENTREP. DE)
Bouchel, rue de Calais, 6.
Ferry, rue du Port, 36.
Ferry J., rue de St-Germain, 45 bis
Forestier, rue de la Chaussée, 25.
Rogelet, Grande-Rue, 75.

TABACS (DÉBITS DE)
Calvez, rue des Gobelins.
Coutanceau, place de l'Eglise.
Leclerc, rue de Saint-Germain, 70.
Mondet, Grande-Rue, 40.

TAILLANDIER
Lelu, rue de St-Germain, 7.

TAILLEUR
Gaudin, rue d'Enghien, 23.

TEINTURIER
Raymond Véret (Vve) Gde-Rue, 100

TONNELIERS
Batollier, rue de St-Germain, 10.
Lacaille, rue de Cormeilles, 12.
Lardière, rue Lévêque, 13.
Pion, rue Carême-Prenant, 37.

TRAVAUX PUBLICS (ENTREP. DE)
Briard, route de Bezons.
Dousset, boulev. Montmorency, 12

TREILLAGEUR
Lepeltier, rue d'Enghien, 15.

VANNIERS
Magnan, Grande-Rue, 29.
Magnan, Grande-Rue, 94.

VÉTÉRINAIRE
Rullier, rue des Buttes, 8.

VIDANGES
Ternois (Quénot, représentant) boulevard Héloïse, 76.

VINAIGRES ET MOUTARDES (FAB. DE)
Chevillard, rue de l'Hôtel-Dieu, 10

VINS EN GROS
Dupuis, rue de Pontoise, 8.
Girardin, Grande-Rue, 42.
Hornet, rue de Calais, 3.
Menière, Grande-Rue, 62.
Pattez, Grande-Rue, 64.
Vallée, boulevard Thiers, 23.

VINS (DÉBITS DE)
Antignac, rue Carême-Prenant, 20.
Ballagny, rue Ary-Scheffer, 5.

Bernadon, rue de la Chaussée, 30.
Collas, Grande-Rue, 57.
Collas, rue Sainte-Barbe.
Darge (Vve), route de Bezons, 108 bis.
Leprince, rue de l'Hôtel-Dieu, 14.
Marc, route de Sannois, 6.
Verthé, boulevard Héloïse, 20.

VOITURES (LOUEURS DE)

Jacquet, rue du Port, 26.
Paillet, rue Notre-Dame, 4.

VOLAILLES ET GIBIERS

Delanef, Grande-Rue, 107.

COMMUNES DU CANTON

MUNICIPALITÉS

Bezons
Maire : M. Forest; *adjoint* : M. Chaline.

Carrières-Saint-Denis
Maire : M. Bresnu; *adjoint* : M. Sarazin.

Cormeilles-en-Parisis
Maire : M. Louis Gonse; *adjoint* : M. Delaplace.

La Frette
Maire : M. Macaire; *adjoint* M. Lambert.

Herblay
Maire : M. Brunet; *adjoint* : M. Jouvin.

Houilles
Maire : M. Deborde; *adjoint* : M. Lacroix.

Montigny-les-Cormeilles
Maire : M. Aubert; *adjoint* : M. Légat.

Sannois
Maire : M. Retali; *adjoints* : MM. Mauchain et Julienne.

Sartrouville
Maire : M. Foulon; *adjoint* : M. Jacquet.

TABLE ALPHABÉTIQUE
DES MATIÈRES

	Pages
Administration municipale	II
Asile des vieillards	VI
Association polytechnique	IX
Bibliothèque	VII
Bureau de bienfaisance	VII
Bureaux de la Mairie	III
Caisses d'épargne	V
Caisse des Ecoles	IX
Caisse des Loyers	XIII
Caisse de prévoyance des pompiers	XIII
Chambre Syndicale des Entrepreneurs	XIII
Chemins de fer	X
Chemins vicinaux	IV
Cercle Choral des Enfants d'Argenteuil	XIII
Cimetière	V
Conférence St-Vincent de Paul	XIII
Conseil de fabrique	X
Conseil municipal	II
Contributions directes	III
— indirectes	III
Crèche	V
Cultes	IX
Eaux (Service des)	IV
Ecoles publiques et privées	VII
Ecole d'horlogerie	IX
— libre de musique	XIV
Economat domestique	XIV
Enregistrement et domaines	III
Fédération des travailleurs	XIV
Femmes de France (Union des)	XIV
France Prévoyante (La)	XIV

	Pages
Gendarmerie	IV
Harmonie municipale	XIV
Hôpital	VI
Horticulture et de viticulture (Société d')	XIV
Index par professions	47
Journaux et Revues	XIII
Justice de paix	IV
Liste des habitants par rues	1
Loge maçonnique	XV
Marché	X
Note historique	I
Octroi	IV
Patronage St-Denis	XV
Pensions et Externats	VIII
Police municipale	IV
Pompes funèbres	V
Ponts et chaussées	IV
Postes (Service des)	XI
Protection des enfants du 1er âge	X
Recette municipale	III
Sapeurs-Pompiers (Cie des)	VII
Sauveteurs médaillés de Seine-et-Oise	XV
Secrétariat du Peuple	XV
Société civile de tir	XV
— de gymnastique	XVI
— de secours mutuels	XVI
— de tir mixte	XV
Souvenir Français (Le)	XVI
Syndicat des cultivateurs	XVI
— marchands de vins	XVI
Union des mobiles et combattants	XVI
— patriotique	XVI
— syndicale du commerce et de l'industrie	XVI
Voitures de place	XII
— publiques	XII